品质特教：特殊儿童沟通活动设计指南

● **广州市教育研究院** 编著 **高珂娟** 主编

SPM 南方传媒

全国优秀出版社
全国百佳图书出版单位

广东教育出版社

·广 州·

图书在版编目（CIP）数据

品质特教：特殊儿童沟通活动设计指南／广州市教育
研究院编著；高珂娟主编 . — 广州：广东教育出版社，
2023.6

ISBN 978-7-5548-5393-1

Ⅰ . ①品⋯　Ⅱ . ①广⋯　②高⋯　Ⅲ . ①儿童教育—
特殊教育—教学研究　Ⅳ . ① G76

中国国家版本馆 CIP 数据核字（2023）第 065204 号

品质特教：特殊儿童沟通活动设计指南
PINZHI TEJIAO：TESHU ERTONG GOUTONG HUODONG SHEJI ZHINAN

出 版 人：朱文清
策划编辑：杨龙文　王晓晨
责任编辑：王晓晨　杨龙文　罗　续
责任技编：杨启承
装帧设计：喻悠然
责任校对：林晓珊
出版发行：广东教育出版社
　　　　　（广州市环市东路472号12—15楼　邮政编码：510075）
销售热线：020-87615809
网　　址：http://www.gjs.cn
E－m a i l：gjs-quality@nfcb.com.cn
经　　销：广东新华发行集团股份有限公司
印　　刷：佛山市浩文彩色印刷有限公司
　　　　　（佛山市南海区狮山科技工业园A区）
规　　格：889 mm × 1194 mm　1/16
印　　张：17.25
字　　数：345 千
版　　次：2023年6月第1版
　　　　　2023年6月第1次印刷
定　　价：88.00 元

如发现因印装质量问题影响阅读，请与本社联系调换（电话：020-87613102）

编 委 会

主　　编：高珂娟

编写人员：高珂娟　张　姗　张　燕　陈丽敏

　　　　　林静娴　郭　加　党凯琳

前　言

　　沟通是人类最基本的能力之一。通过沟通，能够传递信息、表达需求、参与社会生活、积累人际关系等。社会活动中充满了形形色色的沟通。随着人类社会的快速发展，沟通也发生了诸多变化，例如内容越来越丰富、形式越来越多样、频率越来越高等。特殊儿童由于各种身心障碍的影响，在沟通中存在或多或少的困难，这些困难严重影响了他们的生存质量与发展可能。虽然社会的发展增加了特殊儿童的发展可能，但是也对他们的沟通能力不断提出新的要求与挑战。

　　为使特殊儿童能更好地适应社会，教育者应根据特殊儿童的沟通特点，为他们设计有效且简洁的沟通方式，以提升其沟通效度。近年来，广州市教育研究院特殊教育科组织骨干教师，在特殊儿童沟通与语言疗育方面开展了系统、深入、持久的研究与实践。首先，构建了涵盖各种类型、不同程度的特殊儿童语言评估体系，并将评估结果与IEP（个别化教育系统）整合形成教学目标，落实到课堂教学中。其次，根据对沟通的不同层次和内部要素的解构，设计了有针对性的教学活动。最后，依托国家课程标准，反思沟通活动设计的思路并做了进一步的优化，逐步形成了具有广州特色、富有实践价值，同时适用于普通学校与特殊教育（简称特教）学校安置模式的特殊儿童沟通活动设计范式与模式。

　　全书含绪论和初级、中级、高级三个阶段沟通活动设计四个章节。绪论部分，简要介绍了沟通活动概念、常见特殊儿童沟通活动特质等内容。在活动设计的脉络与结构方面，本书将沟通活动自身所包含的各环节、要素与新课标要求进行了充分整合后，将沟通活动分成初级、中级、高级三个阶段：初级阶段沟通活动设计包括关注与回应，模仿，参与，轮流与等待四个模块；中级阶段沟通活动设计包括表达意愿，拒绝，礼貌用语，引起注意，开启话题，情绪识别六个模块；高级阶段沟通活动设计包括邀请与应邀，获取信息，维持话题，转换话题，话题延伸五个模块。每个模块均有定义、目标分解、训练建议、活动范例等内容，方便教师、家长和其他读者尽快提取相关信息，并将之运用于特殊儿童沟通能力培养的实践中。在活动范例环节，每个活动范例基本按照课型、学情分析、活动目标、材料准备、活动过程、注意事项、延伸活动等几个部分设计，务求科学、规范、详尽，为读者提供可直接借鉴的参考素材。

　　本书由广州市教育研究院正高级教师、特级教师高珂娟牵头负责项目的推进与结构编写，她还承担了绪论第一节和第二节中一部分内容的编写、全书的审定工作。番禺区培智学校张姗老师、天河区启慧学校张燕老师、海珠区启能学校陈丽敏老师、越秀区启智学校林静娴老师、广州市启聪学校郭加老师、广州市教育研究院党凯琳老师参与了编写工作，在结构设计、风格奠定、资料收集等工作中付出了大量的心血：张姗老师承担了绪论第二节大部分内容的编写工作，张燕老师承担了第一章至第三章目标分解的梳理工作，陈丽敏老师承担了全书图表安排与收集整理工作，林静娴老师承担了案例整理工作，郭加老师承担了资料收集与前期研讨工作，党凯琳老师承担了资料收集与案例整理工作。参与本书编写的还有华南师范大学特殊教育学院硕士研究生蔡大燕与本科生余卓瑾，感谢两名同学为书稿所付出的劳动及为团队每一次研讨所做的详尽记录。

本书是广州近年来在特殊儿童沟通领域重要科研成果的集中体现，供学校教师、康复训练人员、家长和从事特殊儿童沟通活动教学及相关工作的特教人员参考。作为特教人，专业的知识和能力要不断提升，要生命不息，追求不止。如果这本书有幸获得您展卷一读，我们期待您会心的微笑、认可的颔首，更盼望您不吝指导！

编　者

目　录

绪论　特殊儿童的沟通活动

沟通是什么？特殊儿童的沟通存在哪些特别之处？如何正确认识不同类型、不同程度、不同年龄阶段特殊儿童的沟通能力与沟通行为？

第一节　沟通概述

一、沟通的概念

沟通是信息发送者和接收者之间信息的交换，是为了联系他人而发生的。不少因素会影响沟通，包括文化认同、情境、参与者等。

"口语"（speech）、"语言"（language）、"沟通"（communication）是三个既有联系又有区别的概念。

（一）口语

"口语"又称言语、说话、语音，是指恰当地使用发声与发音类型将语言表现出来，是语言下的一套有声或口述的表现方式。文字是有共同文化的人约定俗成的符号，这个符号从嘴巴说出来就变成口语。一般来说，幼儿能正常说话，需具备以下条件：听懂口语、模仿口语、有沟通动机和互动能力、有沟通的机会、有顺畅的呼吸与发声能力、有协调的构音动作。

当个体无法恰当地运用有声或口述方式传递信息、表达思想，则可能造成说话障碍。

（二）语言

语言是指约定俗成、赖以沟通思想的一套系统或符号，一般包括语音、语法、词汇三个基本要素。

语言的要素，另外还指形式、内容和用法。"形式"指语言客观存在的方式、用法，由语音、语形和语法组成。语言的形式是语言的符号及其组合方式。"内容"，指语言的含义。语言的内容不仅用来描述物体，更述及物品、事件和人物的关系。"用法"，指语言在具体情境中的应用，是一个人综合语言能力在情境中的表现。同样的语言符号及其组合方式在不同的情境可能存在差异。

当个体无法运用社会主流赖以沟通的系统性语言时，则可能造成语言障碍。

（三）沟通

"沟通"是指信息的交换，一般包括沟通的意图、沟通的方法、沟通的内容、沟通的目的、沟通的情境五个基本要素。

其中，"沟通的意图"指在互动中我们为个案的行为或某种信号赋予意义。有意图的沟通者知道他们的沟通行为可能会影响他人，并且会持续这些行为直到达到他们的目的或得到失败的验证。无意图的沟通者不知道他们的行为对他人有意义或有信号价值，所以当沟通失败时他们不会持续这些沟通行为。另外，"沟通的方法"包括口语和文字等语言沟通，也包括表情、声音、动作和图片等非语言沟通。

沟通一般包括以下步骤：①听到或看到信息；②记录下来信息；③正确认识信息；④理解信息的意思；⑤决定做出反应；⑥决定做出什么反应；⑦选择信息交换的方法；⑧确定信息交换的顺序；⑨发送信息，检验并纠正信息。

以上步骤可以简化为：感知信息—理解信息—做出反馈—反馈信息检验。如个体无法完成上述任一阶段，则可能造成沟通障碍（communication disorder）。

二、沟通障碍

美国听语协会（ASHA）将沟通及其相关障碍分为：说话（构音、声音、共鸣、语畅），颜面部，口腔咬合模式，语言，吞咽，认知沟通，听力和平衡等障碍。这个分类中，除将听力、言语、阅读、书写、手语和其他沟通方式包含在内外，还把和沟通运作相关的解剖学及生理学的因素，如吞咽、平衡等一并纳入。

可见，沟通障碍是根据个体是否在接收、处理或表达等方面会受影响来确定并归类的（见表1-1），事实上，在听力、理解、表达这三个维度上，很有可能发生交错。

表 1-1　沟通障碍的可能分类

接收		表达				病因学	发病时间	严重度
听力敏感度	听力处理	说话	语言			神经动作异常、听力受损、环境／学习因素、认知缺陷、解剖学和生物学缺陷	先天性、后天性	临界、轻度、中度、重度、极重度
传导性、感觉神经性、混合性	解码、统整、组织、在恶劣情况下理解说话、短期记忆、多重分类	构音、流畅、声音	形式	内容	使用			
			语音学、语形、语法	词汇	语用学			

三、沟通能力评估

特殊儿童沟通能力评估主要评估语言与非语言的沟通能力。家长和老师在评估中可以采用观察法收集特殊儿童沟通能力的样本，也可以通过正式评估或自编测验评估。

（一）沟通能力评估的内容

沟通是个体与个体之间、个体与群体之间思想与感情的传递和反馈过程，以求思想一致和感情通畅。沟通能力评估，包括语言沟通和非语言沟通的评估。

（二）沟通能力评估的工具

1. 皮博迪图片词汇测验（PPVT）。

皮博迪图片词汇测验（Peabody Picture Vocabulary Test，简称PPVT），是一套个别施测的常模参照测验，可用来测量受测者的词汇理解能力。该测验由美国邓恩夫妇于1959年发表。1981年，他们对这套量表进行了第一次修订，称为PPTV-R；1997年又进行了一次修订，称为PPVT-Ⅲ；2007年进行了第三次修订，发表了第四版，称为PPVT-Ⅳ。

2. 学前儿童语言障碍评量表。

我国学者林宝贵和林美秀于1993年编制并发表了学前儿童语言障碍评量表。这套量表主要用于评估3岁至5岁11月的学前儿童的口语理解能力、表达能力及构音、声音、语言流畅性等情况。

3. 语言障碍儿童诊断测验。

语言障碍儿童诊断测验是林宝贵编制的另一套语言障碍儿童筛查测验，发表于1986年。该测验为个别施测的测验，适用于幼儿园儿童和小学生，以及年龄较大的特殊学校的学生。这套测验由四个分测验组成：语言理解能力测验、耳语声辨能力测验、发音（构音）能力测验、表达能力测验。

4. S-S语言发育迟缓检查法。

"S-S语言发育迟缓检查法"由日本音声言语医学会语言发育迟缓小委员会以语言障碍儿童为对象，于1977年开始研制试用，1980通过试案一并发表，于1987年对238名儿童进行测试取得了正常数据，增加了语言前阶段的检查项目，1989年正式定名为"S-S（Sign-Significate relations）语言发育迟缓检查法"，简称"S-S法"。检查法由三个方面组成：符号形式—指示内容的关系、与语言有关的基础过程、交流态度。此检查法能比较全面地对各种儿童语言障碍进行评价，并对引起语言障碍密切相关的交流态度和非言语功能进行评价。

5. 身心障碍学生特殊教育语言治疗评估表（92听语学会编）。

该评估表是由林丽英参与制定的，包括学生基本资料、语言沟通能力、语言沟通评估结果与建议三部分内容。其中，老师或家长负责填写受评学生的基本资料，如学生的医学诊断结果、发展史及在校行为表现、老师或家长对受评学生语言沟通问题的困扰或期望等。语言治疗师负责填写语言沟通能力结果，分别是感官知觉、语言理解、语言表达、沟通方式与效度、口腔动作与功能、沟通辅具的使用。老师、家长、语言治疗师共同分析受评学生的语言沟通能力结果，并制订训练目标及建议策略或活动计划。

第二节　特殊儿童的沟通

普通儿童在长期不断的信息输入、理解过程中，自然而然习得了听觉技巧，增长了认知，发展了语言，这些都为他们越来越自如地参与各种沟通活动打下了坚实的基础。然而，对于有各种身心发展障碍的儿童来说，语言和沟通都没有办法自然习得，只能通过训练来发展听觉技巧，从而促进语言的学习与沟通能力的提升。

一、智力障碍儿童的沟通特点

智力障碍（简称智障）一般指大脑受到器质性的损害，或是脑发育不完全，从而造成认知活动的持续障碍以及整个心理活动的障碍。智力障碍儿童和没有智力障碍的儿童相比，表现出明显的智力发育迟缓，而且在学习和社会发展、适应生活方面明显存在困难。通常是认知能力的缺陷、感知经验不足、类化能力缺乏等问题，影响智障儿童的语言发展，因此多数智障儿童的语言能力不佳，甚至不能进行口语表达。他们在沟通上具有以下特质：

（一）语言理解能力不足

智障儿童在词性的获得上，首先掌握的是表示称谓、事物、生活用品等的名词，表示动作、行为和愿望的动词，表示大小、好坏、多少等容易观察、分辨的形容词；其次是表示用具、身体部位、空间位置的名词，具有判断意义的动词，表示心理活动和呈现、消失等抽象意义的动词，以及表示干净、可爱、对错等抽象意义的形容词；最后，发展出了表示抽象事物和时间、空间的抽象名词，表示趋势的动词，表示状态的形容词，表示数量概念的数词和量词，表示对象的介词等。简言之，智障儿童对日常生活中常接触的词语理解起来比较容易，但对抽象意义的词语，尤其是对带有色彩意义的词语理解起来较困难。他们只能对句子中的局部信息进行理解，难以准确、迅速理解较长且信息量较大的句子。

在词语的提取上，智障儿童对于高频词的提取速度明显快于低频词，对高频词的判断能力也高于低频词，说明在词义的掌握方面，智障儿童是先掌握有典型性特征的高频词，再到低频词。同时，智障儿童语义的储存量不及普通儿童，普通儿童有丰富的知识可以进行语义的自由联想，而轻度智障儿童要达到这个水平需要很长时间的学习，中重度智障儿童几乎不能达到这个水平。

（二）语言表达能力不足

不同程度的智障儿童在语言表达能力方面也存在差异。轻度智障儿童语言表达能力明显好于中重度智障儿童，这里的语言表达能力主要指语音的清晰度和准确性、词汇量的多少、词语的使用、句子的长度和连贯性、语言表达过程中出现错误的多少等。

1.语音表达。

在语音表达方面，智障儿童普遍存在发音持续性、音强以及变化音方面的困难，四声中阳平和上声出现错误较多。经过训练，智障儿童的语音也能得到一定的发展，但速度相对缓慢。普通儿童基本能在两三岁左右掌握的语音，智障儿童过了入学年龄仍难以掌握。智障儿童的语音障碍以构音障碍和声音障碍这两种类型为主：构音障碍是智障儿童普遍存在的问题，具体表现为替代音、省略音、歪曲音；声音障碍属于一部分智障儿童存在的问题，具体表现为嗓音沙哑、发音异常、口齿不清、声调平淡缺乏变化等。

2. 词语表达。

在词语表达方面，智障儿童的抽象思维能力发展迟滞，导致他们在语言表达过程中较多使用表达具体事物的名词、表达具体动作的动词、表达事物具体特征的形容词，很少使用抽象词汇、感受性词汇或连接词。

3. 句子表达。

在句子表达方面，智障儿童的句子表达长度，与其智力年龄有显著关系。智障儿童在使用句法的过程中也会出现明显的错误：第一，句子结构简单，中重度智障儿童常以词代替句，说不出完整的句子；第二，句子成分残缺，智障儿童喜欢省略，最常省略的是句子的谓语部分，容易造成歧义；第三，随意添加句子成分；第四，疑问句应用能力差，智障儿童掌握得最好的是陈述句，掌握得较差的是选择疑问句和反问句；第五，少用关联词；第六，逻辑关系混乱；第七，语序混乱，智障儿童也许能把握一般句型的语序，但把握比较复杂句型的语序就有困难；第八，无法表达，当智障儿童面对不熟悉的事物、场景或情感时，他们无法使用言语表达即时的感受。

（三）社会交往能力不足

智障儿童的社会交往能力发展水平低、品质差，存在着人际交往行为不当等问题。智障儿童在非语言交往中会表现出较多的不适当行为，例如摆弄物品、模仿对方的动作、对某些事物全神贯注、过分亲热、站立时太靠近他人、把脸贴近陌生人的胳膊、过度寻求关注、缺乏耐心、情绪变化快、容易紧张、好动、无法融入同龄群体等。智障儿童认知能力发展缓慢，导致语言理解和语言表达能力发展不足，进而导致他们的社会交往表现出发展水平较低、不适当的言语行为较多等问题。

1. 忽略交往对象的身份。

智障儿童由于智力发展障碍，社会接触有限，语言环境单一，交往机会少，所以他们不会依据交往对象选择合适的交往策略。比如，他们会直接对不熟悉的老师说"你过来和我玩积木"等对老师不尊重的语言。

2. 违反交往语境。

语言交往能力中的交往语境，涉及对人文环境、社会契约、文化传统的了解。智障儿童社会认知能力缺乏，不了解所谓的人文环境、社会契约和文化传统，说话时常忽略现场语境，给人不合时宜的感觉，例如他们可能会在餐厅中大喊"我要大便"等。此外，智障儿童会在陌生环境中表现出明显的交往障碍。

3. 不顾及交往对象感受。

智障儿童在人际交往中不会顾及交往对象的感受。智障儿童在人际交往中会表现出傲慢、不谦虚、喜欢夸奖自己、喜欢讲自己知道的事情、不怎么顾及交往对象的感受和兴趣，有时还会引起交往对象的不满而导致交往失败。

4. 缺乏语言交往技巧。

语言交往是双向的，需要双方互为信息的发出者和传递者，才能顺利进行。智障儿童不懂得一来一往的交流，不知道轮替，只是一味讲或者一直听。智障儿童存在语言表达障碍，在语言交往中会中断话题，延续话题的能力差，从而导致交际不能持续进行。

5. 语言交往出现不适当行为。

智障儿童由于语言理解能力不足，在语言交往中会出现话语离题、词语重复等情况。同时，智障儿童由于自我控制能力较差，也会出现不适当的行为，包括模仿言语、自言自语、代词混淆、音调异常或韵律、口头语言过多，甚至说脏话等。

二、孤独症儿童的沟通特点

国际疾病分类（ICD）与《精神疾病诊断与统计手册》（DSM）对孤独症的诊断标准指出，孤独症是一种涉及语言沟通、人际交往及特殊行为/兴趣等三联症的发展性障碍症候群。孤独症的症状严重程度不一，像光谱色差一样，个体间差异很大，有轻有重。有的孤独症儿童行为症状表现得很严重，甚至影响到他们的生活自理能力；有的孤独症儿童可能在人际交往中受语言沟通的影响显著，然而在动作发展中，如对生活自理方面的影响却不大。孤独症的语言沟通具有以下特点：

（一）语言理解与表达

孤独症儿童的语言表达与语言理解呈现障碍，所表现出来的特质，个体间差异很大：在语言表达上，他们有些完全无口语，有些却能滔滔不绝地说着自己感兴趣的话题；在理解上，有些孤独症儿童连生活中的实际物品都无法理解，有些却可以理解简单的古诗词。孤独症儿童的语言沟通从语音、语义和语用等方面，呈现出质与量的问题。语音方面，孤独症儿童存在语调平淡、缺乏变化、咬字不清、音量过小等问题；语法方面，自闭症儿童的语法发展较同龄儿童慢，但是与心智年龄相当的智力障碍儿童或普通儿童的语法接近。语义方面，孤独症儿童除了理解困难外，还偏向于理解字面的意义，无法理解成语、俚语等。孤独症儿童在语言沟通方面最大的问题在于语用。语用就是在真实情境中的语言运用，语用除语言部分外，还包括面部表情、肢体语言及情境因素等，孤独症儿童在这些方面都呈现或多或少的障碍。

（二）沟通互动

1. 意图。

孤独症儿童缺乏沟通意图与动机，此为他们语言沟通问题的症结所在。即使他们已学会使用口语或动作表达要求、请求、需求，但在一般的情况下，他们也不一定会主动使用这些已经学会的方法。

他们不但缺乏开启沟通的意图，而且缺乏回应沟通的意图。例如，父母指着孤独症儿童喜欢的玩具说"你看，那边"，他们的眼神也不会跟随着父母的手指看向父母指的事物，这样更加剧了他们语言沟通上的障碍。因此，如何诱发孤独症儿童的沟通意图，让他们愿意回应或开启沟通，是沟通训练的重点。

2. 内容。

在沟通内容方面，孤独症儿童有着较好的机械记忆能力，与能力发展相当的普通儿童相比，他们更容易记忆不相关的事和物。可惜的是，因为他们的弹性思考能力不佳，加上对情绪的知觉能力较弱，常常形成"鸡同鸭讲"无效沟通的局面。例如，妈妈问孤独症儿童："你早餐想吃什么？"他可能会回答："早餐是起床后的第一餐。"他会将记忆中早餐的信息，原封不动地输出，却无法简单地说出自己的意图。此外，由于孤独症儿童缺乏一般常识和经验，只是表面地理解语义，因此，让他们与人沟通时往往更加困难。

3. 使用。

孤独症儿童很少主动开启沟通，甚至是无口语的沟通，他们主动用动作或口语回应的频率偏低，动作形式沟通多于口语形式，出现口语的频率也较低。代名词反转困难也是孤独症儿童沟通的问题之一，他们还会有喃喃自语、不断问问题、仿说等问题。孤独症儿童的这些语言形式具有许多功能性，他们会通过这些非惯性的语言形式来表达意图，并且进行人际交流。但是，这些非惯性的语言形式不一定能被周围的人理解与接受。对于有会话能力的孤独症儿童而言，除了非惯性语言形式外，他们在会话时还有无法理解对方的沟通意图及无法猜测到对方的信念、想法等问题。另外，在人们约定俗成的场合，或是涉及人际交往的知识或惯例，例如问好、保持微笑、上司与下属的关系等，由于孤独症儿童不理解这些知识或惯例，所以他们需要刻意学习这些技能才能适应社会。

4. 情境。

情境的问题是孤独症儿童语言沟通的关键问题。孤独症儿童眼神注视以自我为中心，加上对环境的觉察能力较差，会造成他们难以融入环境。由于对情境的辨识能力较差，他们很难调整自己去适应不同的情境及表现出合适的行为。例如，孤独症儿童在家里比较无拘无束，但是进入学校这种有规矩的环境后，他们很难理解这个情境与家里不同，需要管理自己以符合学校的要求。他们适应学校的时间可能需要一个月以上，甚至是一个学期。

由于每个孤独症儿童都可以发展出功能性的语言，所以孤独症儿童语言沟通教学的重点在于沟通而非说话。

5. 行为。

孤独型的孤独症儿童不与对话者对视，缺乏面部表情，很少主动接近别人，对别人的接近少有反应，甚至会回避。他们不喜欢别人的碰触，没有与他人交往的动机或意愿，除了其主要照顾者外，他们很难与他人建立关系。对周围发生的事情漠不关心，常做着自己喜欢的行为或是自我刺激行为。

被动型的孤独症儿童眼神偶尔会与别人有接触，有时会瞄一下周围的人在做什么，或是看一下周围发生了什么。他们可以接受与别人肢体的接触，由别人开启的互动，他们会被动回应，很少主动开启互动；若开启也多是与需求有关，开启的方式多为做动作，例如拉别人的手去拿东西、直接走到他们想要的物品边并来回走动等。由成人开启的互动性游戏，在提示与教导下，他们会主动模仿成人的动作，被动地与成人玩且持续时间有限。他们很难与其他儿童被动地玩，需要由成人在一旁指导；与儿童游戏的方式为平行游戏，较少假扮性游戏或想象性游戏。

主动且怪异型的孤独症儿童愿意用眼神与他人接触，但是时间不长，因为他们能理解眼神也是沟通的一部分，然而达到沟通目的后，他们的眼神会立刻闪开，这表明眼神的接触还是会让他们觉得不舒服。他们会主动接近人，主动接近的对象多为和善的成人或是有"眼缘"的人，接近方式多为用口语开启话题。除了互动的方式怪异外，他们所开启的话题多以自我为中心，问句刻板，问题重复，不要求互动的对方回答。除此之外，他们还会出现自问自答、与情境格格不入等行为问题。他们能与亲近的成人建立关系，如亲人、班主任等，却很难与同学建立友谊。

三、脑瘫儿童的沟通特点

脑瘫（脑性瘫痪）是非进行性的神经肌肉疾患，是还未发育成熟的脑部中枢受损所致。产前、产中与产后过程中的缺氧、核黄疸、癫痫、脑伤、脑膜炎等以及一些未明因素，都有可能造成脑瘫。脑瘫大致有痉挛、徐动、强直、失调、震动等类型。脑瘫患者通常在动作发展、感觉发展、知觉发展等方面呈现迟缓现象，而导致其行为、情绪、社会适应、就业适应、教育与沟通等方面的多重障碍。

由于脑瘫儿童运动神经与感觉神经的缺陷，沟通表现不佳，所以他们的言语特征是语速缓慢、突然、不规则、费力、口齿不清。脑瘫儿童的沟通问题有可能相当轻微，甚至没有任何表现，但是也可能严重到所说的话没人听得懂，甚至有些脑瘫儿童不会说话，表现出较高的异质性。脑瘫儿童在语言沟通中存在以下问题：

（一）言语机能缺失

中重度脑瘫儿童口腔机能会发生严重的结构和功能异常。口腔机能的结构异常是指说话器官的物理构造变形。在呼吸方面常见的问题是肋廓扁平，胸骨凹陷，胸骨两侧肋骨、肋廓外凸；在嗓音方面，喉头的位置太高或太低，受到肌肉对甲状软骨的不正常牵拉，造成喉结特别突出，上颌特别高；在构音方面，舌头或下颌肌肉挛缩、咬音不正、牙齿珐琅质有缺陷。

言语机能功能的异常指想要说话时说话运动不正常，可能与说话器官结构变形有关。呼吸方面的功能异常，包括胸腹反向作用、痉挛性或张力性的咽部阻塞造成鼾声呼吸，或呼吸肌肉极度紧张。嗓音方面，由于软腭闭锁缺陷，造成鼻音过重、呼吸和喉部不协调；喉部内收肌或外展肌过度收缩导致喉肌痉挛声门的闭合或张开、喉部肌肉的不随意运动、由臂肩肌肉扩及发生肌肉的张力溢流。在构音方面，舌和软腭异常、下颌关节滑移、下颌侧偏、舌头上抬困难、外显的舌头失用、舌头运动迟缓、嘴唇开合动作奇特、不随意的脸部运动或颜面扭曲、流口水等。

（二）语言障碍

语言包括语言理解与语言表达，其复杂度由高到低可分为语用、语义、语法与声韵。由于认知障碍发展和语法之间的关联颇大，而认知发展和语义之间的相关度更高，所以有认知缺陷的脑瘫儿童在高层次的语言功能上有较大的问题。因为脑瘫儿童主要是运动上的障碍，所以损毁最厉害的就是声韵。脑瘫儿童多少会有视觉抽象思考困难、情绪困扰等问题，这些都会对脑瘫儿童视觉语言的发展不利。脑瘫儿童还常有口吃或类似口吃的症状。

（三）嗓音问题

脑瘫儿童多数呼吸急促而不规律，出现横膈膜活动过度的问题，但是前胸壁和颈部肌肉活动也会降低胸腔异常。也有当横膈膜收缩时，胸颈肌肉却无法同时配合，吸气时原应上抬和外扩的胸腔反而向下内缩，胸骨也往内退缩，造成反向呼吸的问题。由于呼吸的问题以及喉部功能异常，脑瘫儿童在发声时会拉长声音。徐动型的脑瘫儿童音量通常较低，有时因横膈膜不自主地痉挛而音量不规则地忽然变大，词句末端的声音常以耳语收尾，语调平板。极度紧张的徐动型脑瘫儿童更是习惯发出较高的音。

（四）构音问题

脑瘫儿童发需要用舌尖和精细协调动作的音最难；省略音的发生率大过替代音及扭曲音；说话器官中舌头的运动最困难；轮替运动的速度缓慢；除了口吃之外，常有功能性构音缺陷；发音困难程度和前后相邻音有关；构音效率不佳，尾音通常比首音或中音困难。构音有缺陷的脑瘫儿童，在省略音上发生的错误是替代音错误的两倍，这种情况发生在音和音的组合上。

（五）清晰度问题

脑瘫儿童说的话让人不易理解，因为他们对说话运动的控制不够有弹性。他们说话不清晰，要么让人完全听不懂，要么只能听懂一部分，只有长期接触他们的家长才能听得懂。

（六）社交互动

轻度脑瘫儿童往往因为自己身体的扭曲或变形，在与人沟通交往中会比较敏感，显得比较被动。重度脑瘫儿童缺乏交往技巧，异常的外形和行为特征，会让其他儿童感到别扭。这些容易导致脑瘫儿童对于自己无法积极参与深感挫败，因而会以不回应来逃避谈话，在交往中整体较为被动。

四、听觉障碍儿童的沟通特点

听觉障碍儿童的发展基本遵循少年儿童的一般发展规律，但是，由于存在听觉障碍，他们认知世界的方法体系与普通少年儿童存在或多或少的差异，这使他们在思维、情绪、情感等方面与普通少年儿童也存在差异。一般而言，听觉水平越接近同龄少年儿童，其身心发展也就越符合成长的一般规律。

（一）感知活动

人们通过视觉和听觉系统直观认识世界。据研究，人接受的外界信息中，80%靠视觉系统获得，10%以上靠听觉系统获得。听觉障碍儿童的听知觉因留有的残余听力和听力补偿情况不同，而有很大差别：有的听障儿童能与健听人正常听说交流；有的听障儿童只能获得少量的声音刺激，或者几乎得不到声音刺激，从而丧失大量的感性材料——听感觉、听知觉和听表象。听障儿童对客观事物的反应往往仅限于其光学特征而缺少固有的声学特征，会显得不完整、不全面。听障儿童的视觉形象离开声音的组织串联作用，也会显得互无联系、缺少条理。

听障儿童在视觉空间定向方面具有很大困难。他们每一瞬间只能看到直接进入视野内的事物，对于视野外的和被遮挡的东西，无法感知得到。同时，他们感知不到声音特点的变化——声音的有无、强弱等，就不能及时了解事物的异常变化，对异常变化做出适当的反应。因此，听障儿童不得不频繁转头或转动整个身体，以强化对周围事物的视觉感知。

从感知的质量上看，听障学生表现出以下特点：

1. 不善于有重点地感知、抓本质特征。

2. 不善于把握整体和部分的辩证统一关系。

3. 不能保持知觉、语言及思维的统一。

（二）语言发展

听觉障碍是否可致言语障碍，取决于障碍程度、障碍发生的年龄及儿童所处的环境条件等。

一般大声说话的声音响度能达60分贝。如果听力损失在41分贝至55分贝，儿童开始说话可能推迟一年，但其语言发展不会受到明显影响；如果听力损失达到56分贝至70分贝，儿童开始说话可能推迟2～3年，并带有许多发音缺陷，俗称"半语子"；如果听力损失达到71分贝以上，则产生言语障碍的可能会大幅增加。

在语言形成的关键期或更早损失听力，立即就会影响到儿童的语言发展进程，甚至有可能使其成为聋哑人；五六岁或以后发生听觉障碍，儿童已有的语言技能不会完全损失。在发现子女有听障后，一些家长及时采取各种措施（如配助听器、进行语言训练等），即使听力损失达到70分贝至80分贝或更严重，儿童也不会成为言语障碍者。若家长未及时采取补救措施，听障儿童的听力损失即使不是很严重，也有可能发展为言语障碍者。语后聋（学会语言之后出现的耳聋）儿童的语言能否保持下去并进一步发展，也取决于家庭及其他环境的帮助和支持因素的多少。

（三）思维发展

听障儿童在学习说话之前和开始学说话后的相当长的时期内，很难获得本意上的概念。

在缺少词汇及概念的情况下，听障儿童只能记住听觉以外的感官活动获得的表象、形象，借助于手势等动作进行思维。这种思维只能是感知动作思维和具体形象思维。听觉障碍儿童如果没有受特殊教育的机会，不掌握语言手段，他们的思维只能停留在直观形象水平上。即使他们进入特殊学校学习三四年以后，这种情况也难以改变。

（四）学习接受

听障儿童通过直接经验获得的知识有限，如不能进行语言交往，又将丧失通过语言获得信息的机会。他们到入学时尚不具备学习活动所必需的丰富事物表象及必要的认识活动能力。同时，他们的交往困难，不能保证师生之间相互理解。这些都会影响到听障儿童的学习接受及学业成绩。

与同龄健听儿童相比，听障儿童在沟通方面会较多表现出以下行为：

1. 上课易分心。

2. 常要求别人重复说。

3. 不听从或混淆老师的指令。

4. 常侧头听别人说话。

5. 看比听更容易了解。

6. 常无故打断别人说话。

7. 无法确定教室里声响的出处。

8. 在构音上有困难。

9. 语音不清，缺乏变化且不自知。

10. 说话声音过大或过小。

11. 看电视等影音设备时，常把音量开得很大。

12. 回避参加说话的活动。

（五）听障儿童沟通能力的评估方法及工具

听障儿童的沟通能力，是听觉能力、学习能力、语言能力、社会交往能力等各方面综合能力的体现。了解听障儿童的沟通能力，可以从听觉、智力及学习能力、语言能力等方面的评估着手，了解个案在沟通各领域能力的实际表现与发展预期。其中最核心的是听觉检测与评估，除要依靠专业听力师和专门设备才能完成的主观测听与客观测听外，在日常教学与生活中，老师可以采用下列简易工具（见表1-2），完成对听障儿童沟通能力的基本了解。

表 1-2　听觉障碍者的特征检核

时期	问题特征	判断
婴儿时期	1 至 3 个月：对于突然而来的巨响毫无反应	
	3 至 6 个月：不会寻找或望向声源	
	6 至 9 个月：不会望向话中被提及的人或物	
	9 至 12 个月：不懂跟从动作的指示，例如：把球拿给我	
	12 至 15 个月：未能说出词句的第一个单字，例如：爸、妈、灯、车等	
	15 至 18 个月：对于非照顾者的呼唤无动于衷	
	18 至 24 个月：未能运用两个字的词句	
	24 至 30 个月：能说出的字少于 100 个	
	30 至 36 个月：未能运用 4 ～ 5 个字的词句	
孩童时期	上课常常不专心	
	有时可听见别人说的话，有时听不见	
	好像明白别人说的话，行为却显示不明白	
	常常要求别人重复他们的话	
	对聆听长时间的口述或讲话，容易感到疲倦	
	小组讨论时，对跟从其他人的讲话有困难	
	只能跟从一步指令，对执行多步指令有困难	
	学习新事物比其他孩子慢	
成年时期	常觉得他人喃喃地说话，口齿不清	
	常要求别人重复他们的话	
	常感到小孩及女性的说话声不容易听得清楚	
	常因听觉不灵敏而避免出席社交场合	
	常在开会时，觉得难以跟别人谈话	
	家人常表示电视机或收音机的音量调太高	

（续表）

时期	问题特征	判断
成年时期	在郊外常听不见小鸟的叫声	
	常听不到别人从背后的叫喊声	
	常忽略电话铃声及门铃声	

第一章　初级阶段沟通活动设计

第一节　关注与回应

导读

一、定义

关注是指人们对周围刺激（人、物或事）的感知，包括听到、看到、闻到、摸到、尝到等。此处的关注侧重于沟通能力，仅指听到和看到。其中感知的程度依赖于人们对刺激的兴趣、认知理解能力等因素。

回应是指人们用实际行动去响应、回答正在发生或已经发生的事情，可以是用肢体动作、声音、眼神、表情或语言等方式对感知到的刺激给予反馈的过程。

二、目标分解

（一）关注

1. 能感知周围环境中突现的明显差异声音。
2. 能感知熟悉的声音（如人或物）。
3. 能感知环境性指令（如招手，即示意过来）。
4. 能感知自己的名字。
5. 能感知一步骤简单指令（如拍手）。

（二）回应

1. 能转向声源的方向。
2. 会望向发声的人或物。
3. 按照手势（过来、上来、再见）做出适当反应。
4. 会用"咕咕"或"咿呀"之类的声音做表达。
5. 使用词语做表达。
6. 使用词组做表达。

三、训练建议

1. 在进行关注训练之前，建议对学生进行强化物（如吃喝玩乐等）的调查。训练过程中仍需不断进行强化物的动态评量，以确保强化物的有效性。

2. 关注训练的初期，建议从学生感兴趣的事物开始。

3. 在训练回应目标之前，务必确保学生已具备关注能力。

4. 训练回应能力时，在选择回应方式时需符合学生的能力。

5. 刚开始训练时要及时高频强化，可视学生的反应情况逐步降低强化的频率。

6. 结合学生的生活和学习情境开展关注或回应的训练。

7. 训练者要有耐心，给予学生足够的反应或回应时间。

8. 对于无口语学生建议提供沟通辅具进行支持。

活动范例一：我会看老师

广州市越秀区启智学校 林静娴

一、课型

个训课。

二、学情分析

基本情况：李×文，男，8岁，智力障碍。

语言理解：对声音有反应，会转向声源，但对环境中的声音理解不足；在熟悉的情境下，能理解简单带手势的指令，如给我、坐好等；词汇理解量较少，在动词方面能理解常用的动词，如给、坐下、起立、喝水等。

语言表达：暂无口语能力，能发个别单音，如"a""ma"等。

沟通方式与效度：沟通意愿被动，能以表情、手势动作、发脾气、哭闹等方式进行沟通。

关注与回应：学生对感兴趣的事物有关注，但对人的关注度较低，需要他人引导才会对人有所关注。

三、活动目标

在一对一活动中，听到自己的名字有反应（听到声音后，看向老师）。

四、材料准备

学生的强化物（玩具类、零食类）。

五、活动过程

（一）玩一玩

1.基础活动。

（1）老师展示学生喜欢的玩具，在学生面前叫其名字。

（2）当学生听到自己的名字后，若看向老师，老师表扬学生"棒棒哒，小眼睛，看老师"，并奖励学生玩该玩具。

（3）当学生做不到时，老师及时辅助学生，如靠近学生、摇晃玩具、把玩具移向学生、辅助学生抬头、发出声响提示等。

2. 进阶活动。

（1）根据学生表现，老师可以变换位置，在前面、旁边、后面、拉远距离叫学生名字，增加学生的关注与回应。

（2）可以中断玩玩具或直接用发条类型的玩具使其中断，当玩具停下来后，引导学生看向老师，若学生看向老师，老师强化学生看老师的行为，继续玩玩具或上发条。

📋 设计意图

利用强化物，引导学生看向老师。可以根据学生的表现使用不同的辅助策略，当学生有进步时，再进行进阶活动。

（二）走走停

1. 在终点处放玩具或食物等强化物，学生和老师手拉手一起走。

2. 在走的过程中，老师叫学生的名字，等学生看向老师。

3. 当学生有看向老师时，表扬学生"好棒，小眼睛，看老师"，并奖励学生，然后继续向前走。

若学生未能看向老师，老师则降低身体的高度以与学生保持同一视线水平，用发出声音、靠近学生等方式引起学生注意，辅助学生看向老师。

4. 当走到终点时，学生可获得强化物。

📋 设计意图

从桌面的静态活动，过渡到走走停的动态活动中。用走走停的活动方式，让学生能够关注老师。在终点设置强化物以增强学生的动机。

（三）选一选

1. 老师展示零食和玩具，请学生选择要哪一种。

2. 辅助学生使用手指指示的方式表达其选择。

3. 若学生有主动看向老师，则奖励多一次选择机会，老师表扬学生"好棒，小眼睛，看老师"。

📋 设计意图

第三个活动中，老师没有刻意引导学生看向老师，让学生在选择中自然地看向老师，当学生主动看向老师时，会得到意外奖励。

六、注意事项

1. 辅助要及时，且注意找到适合学生的辅助方式，并注意逐步取消。

2. 叫学生名字后，要有后续的活动，不能只是叫了名字后没有反馈。

3. 现场根据学生表现，及时调整活动，并决定是否进阶目标或增加辅助。

4. 对于关注度较低的学生，从基础能力训练，多泛化，把基础能力做扎实，后面学生的能力才能更好地发展。

5. 有时候不是学生能力的问题，而是意愿的问题。从强化物开始逐步让学生从对物感兴趣过渡到对人感兴趣，才能真正实现关注与回应。

七、延伸活动

1. 在不同的情境中泛化，学生听到名字有反应（能看向叫自己名字的人）。

2. 不同的人叫其名字都有反应，包括各科任老师、家长、同学等。

活动范例二：小眼睛，看过来

广州市番禺区培智学校　索芳蓉

一、课型

个训课。

二、学情分析

基本情况：林×媛，女，7岁，智力障碍。

语言理解：对声音有反应，会转向声源，但对环境中的声音理解不足；在熟悉的情境中，能理解简单带手势的指令，如过来、起立、坐下、给我等，词汇理解量较少。

语言表达：无口语能力，能用肢体动作表达要与不要。

沟通方式与效度：学生沟通意愿被动，能使用肢体动作、哭泣等方式进行简单沟通。

关注与回应：学生对喜欢的物品和音乐有一定的关注，会以靠近并拿取物品或摆动手臂的方式做出回应。

三、活动目标

1. 在一对一活动中，能感知并用眼神关注与其互动的人。
2. 在一对一活动中，能关注熟悉的声音，并用动作做出回应。
3. 在一对一活动中，能感知环境性指令，并用动作做出回应。

四、材料准备

转椅，会唱歌的玩具娃娃，三个杯子，小面包。

五、活动过程

（一）上课仪式

1. 师生互致问候。
2. 老师展示强化物小面包，告诉学生游戏时眼睛看老师就可以得到强化物。

设计意图

利用强化物引起学生对老师的关注，促使学生主动看向老师及参与活动。

（二）组织活动

1. 挠痒痒。

（1）老师和学生面对面坐，双方眼睛在同一水平线。开始玩学生最喜欢的游戏——挠痒痒，在学生玩得最开心的时刻，老师突然停下来。

（2）等候数秒，就在学生主动跟老师有眼神接触的瞬间，立刻继续游戏作为强化。

（3）加上口头鼓励："你看着老师，很好，我们一起玩吧！"

（4）待学生掌握玩法后，慢慢增加难度，逐步增加学生看老师的时间。

📋 **设计意图**

使用"中断策略"促使学生眼神关注老师，观察老师是否留心自己，从而获得自己想要的东西。

2. 转转变。

（1）老师拿着学生喜欢的玩具娃娃坐在转椅上，背向学生，开动按钮让玩具娃娃唱歌。

（2）当学生听到熟悉的歌声，拉老师胳膊提出要玩具娃娃的请求时，老师立刻转身并望着学生。

（3）若学生当时望着老师，就可以变出玩具娃娃给学生做强化物，并口头表扬"看着老师，真棒"。

（4）若学生在三秒内都没有主动看着老师，老师就拿玩具娃娃转回原地，不给学生奖励，继续让玩具娃娃唱歌。

（5）当学生大致掌握游戏技巧后，老师可更换强化物，可将转身的速度放慢。

📋 **设计意图**

在学生关注到熟悉的声音，做出动作表达需求反应的同时，要求学生眼神必须关注老师，以得知老师是否有回应自己。

3. 面包不见了。

（1）将三个杯子一字排开，相隔至少15厘米，将学生喜欢的小面包放入其中一个杯子内。

（2）老师口头提示："我把面包放这里啦！"同时眼睛望着放面包的杯子，指令学生："把这个杯子拿走！"（适当降低难度：头配合眼睛指向放面包的杯子）

（3）若学生拿对了，就可以立刻给学生小面包。

（4）若学生拿错了或者犹豫、不反应时，老师就拿掉面包，不奖励给学生。

（5）若学生没有听懂口语提示，也没有关注到老师的眼神提示，老师可以同时加入头部动作提示，如朝放面包的杯子方向点一点头。当学生能关注到老师眼神后，就撤出头部动作提示。

📋 **设计意图**

通过让学生关注环境中老师的眼神和指令，继而获得信息，用行动来回应，得到想要的物品，激发学生养成关注人的眼神和语音的意识与习惯，同时也可以提升学生回应式互联专注的品质。

（三）小结

老师总结学生课堂表现，表扬学生关注老师的行为。

六、注意事项

1. 在进行关注训练之前，建议对学生进行强化物的调查，如吃喝玩乐，训练过程中需不断进行强化物的动态评量，以确保强化物的有效性。

2. 关注训练的初期，建议从学生感兴趣的事物开始。

3. 在训练回应目标之前，务必确保学生已具备关注能力。

4. 训练回应能力时，选择的回应方式需符合学生的能力。

5. 刚开始训练时要及时、高频强化，可视学生的反应情况逐步降低强化的频率。

6. 结合学生的生活和学习情境，开展关注或回应的训练。

7. 训练者要有耐心，给予学生足够的反应或回应时间。

8. 对于无口语学生建议使用沟通辅具进行支持。

七、延伸活动

1. 关注与回应活动可以融入班级的例行性活动中，例如：

（1）课间播放学生喜爱的音乐或视频，突然暂停，待学生做出要继续听或看的反应后再继续。

（2）上下课时听到老师"上课（下课）"的指令，起立回应。

（3）在离座参加课堂活动时，看手势听指令离开座位或回座位。

2. 关注与回应活动可以融入家庭日常活动中，例如：

（1）突然中断学生正在进行的游戏，学生关注并做出回应后家长再继续。

（2）蒙住学生眼睛，家长叫学生名字，或是发出学生感兴趣的声音，吸引学生转向家长。

活动范例三：一起玩游戏

广州市海珠区启能学校　李欣仪

一、课型

个训课。

二、学情分析

基本情况：何×晴（晴晴），女，5岁，精神发育迟缓。

语言理解：学生能对特定熟悉的指令做出反应，如坐、排队、喝水、穿鞋、冲水等；可配合老师模仿一些简单动作，如拍手、举起双手等；能指认少量常见物品（如杯子）和自己照片，能够进行简单图形配对。

语言表达：能说少量词语，如"妈妈""晴晴""要吃""谢谢"等；能仿说一些简单词语。

沟通方式与效度：少量口语，习惯用动作、声音、表情表达需求和情绪；沟通效度低，只有熟悉的照顾者才能明白其部分沟通意图。

关注与回应：学生能感知突现的差异声音并转向声源，能感知熟悉人的声音；对自己的名字有回应，能对简单指令做出适当反应；能用少量特定词语或词组进行表达。

三、活动目标

1. 能在活动中注意到老师的动作，并做出一定的动作反应。
2. 听到熟悉的指定音乐时，完成对应的任务，如上课、收玩具。

四、准备材料

玩具材料（钓鱼玩具组合、画纸和画笔、过家家玩具组合），游戏选择板（见图1-1），奖励选择板（见图1-2），音乐（上课音乐、收玩具音乐、音乐《走和跑》），学生喜欢的零食（山楂片、蒸蛋糕）。

图1-1　游戏选择板

图1-2　奖励选择板

五、活动过程

（一）上课常规

1. 学生与班级老师说再见后，跟随授课老师到指定课室上课。

2. 听上课音乐，学生模仿老师拍手动作，与老师相互问好。

3. 预告本节课的内容：

热身活动——播放音乐《走和跑》。

玩游戏——钓鱼、涂色、过家家。

（二）主要活动

1. 热身活动。

（1）老师播放音乐《走和跑》，请学生注意听音乐和模仿老师走或跑的动作。（2～3个回合）

（2）听到快的音乐跑起来，听到慢的音乐停止跑动走起来。老师在音乐变化时，故意停顿一下，引导学生注意音乐的变化，完成音乐活动。

设计意图

将热身动作和学生喜欢的音乐动作结合，引起学生兴趣和关注，通过动作变化，引导学生注意音乐的变化和老师动作。

2. 选择游戏——过家家。

（1）老师展示游戏选择板（钓鱼、涂色、过家家），请学生从游戏选择板上撕下想玩的游戏图片。同时引导学生通过仿说"我要玩"向老师表达。

（2）学生撕下游戏图片后，老师先询问："晴晴想要什么？"再引导学生仿说"我要玩"。

（3）学生与老师一起进行过家家的游戏，老师拿出过家家的玩具，与学生一起游戏。游戏过程中，老师做出干杯、喝水、吃等动作，引导学生关注并配合老师一起玩。

设计意图

通过展示游戏选择板，引起学生的视觉注意，引导学生通过动作（撕下图片）和仿说来回应老师。在游戏活动中，老师通过演示不同动作，来引起学生关注并以动作回应老师。

3. 选择游戏——钓鱼。

（1）玩法同"过家家"前两个步骤。

（2）老师拿出钓鱼玩具组合，与学生一起分别拿钓竿钓鱼。当老师钓到鱼时，老师使用夸张的语言（如"哇！八爪鱼"）引起学生注意，并请学生把老师钓到的鱼放到篮筐里。

设计意图

老师再次展示游戏选择板，引起学生的视觉注意，让学生主动通过动作（撕下图片）和仿说来回应老师。在游戏活动中，通过老师演示的不同声音语言，引起学生的关注并以动作配合、回应老师。

4. 选择游戏——涂色。

（1）玩法同"过家家"前两个步骤。

（2）老师拿出卡通涂色画纸后，与学生一起给卡通图案涂色。老师再引导学生模仿老师涂色的方式（画圈、竖着涂、横着涂、盖章）。

设计意图

在涂色活动中，老师通过变换涂色方式，引起学生的视觉注意，并引导学生通过模仿来回应老师。

（三）评价总结

1. 老师根据学生的表现进行奖励，学生在奖励选择板上换取自己喜欢的奖励物。

2. 老师播放收玩具音乐，并请学生帮忙将绘本、玩具等教具放回原来的位置。

3. 学生与老师进行下课礼仪。

六、注意事项

1. 在游戏过程中，老师不需要用语言提醒学生看老师，而是通过夸张的语音、语调以及动作，去吸引学生的注意。当学生注意到老师时，才用语言要求学生给予反应。

2. 游戏过程中，学生只要做出动作反应即可。

3. 课室里尽量不要摆放太多物品或玩具，否则容易分散学生的注意力。

4. 三个游戏无固定顺序，可以按照学生在课堂中的实际选择进行。

5. 在选择游戏的过程中，老师尽量多引导学生仿说诸如"我要玩"的句式，可创设一些情境进行引导，如把实物摆放在学生可见但拿不到的地方。

七、延伸活动

在班级或家里，当学生表现出有需求时，老师或家长可先引导学生用"我要+（动词）"进行表达，再满足其需求。

活动范例四：你做我也做

广州天河区启慧学校　陈均丽

一、课型

个训课。

二、学情分析

基本情况：林×棋，男，7岁，唐氏综合征。

语言理解：能听懂日常学校生活中的常用指令；能依序进行一到两步指令的操作，完成少量两步以上的指令。

语言表达：三岁多开始有口语表达，但不清晰；学生在家可运用普通话和粤语进行交流；学生目前能说出常见物体的名称；能唱数1～6；能使用简单否定的词语，如"不要"等表达自我意愿，但发音不清晰。

沟通方式与效度：在有需求时能主动亲近他人、求助他人，与人交往时有恰当的眼神接触。

关注与回应：能感知并执行一步简单指令，但专注力有待提高，专注时间短，且对动作敏感度不高。

三、活动目标

1. 能专注对方动作，并能用语言描述正在进行的动作。
2. 能正确说出跑、跳、蹲等动词。

四、准备材料

食品，镜子，平板电脑，卡片，牛奶。

五、活动过程

（一）预告活动

1. 老师展示镜子，请学生对着镜子做两个动作，同时引导学生发现镜子里的图像和自己做的动作是一样的。

2. 老师展示食品，告知学生完成任务即可获得奖励。

3. 老师介绍活动：镜子游戏。请学生跟老师做一样的动作，并说出动作的名称。

设计意图

　　老师以镜子引起学生好奇，提高学生参与活动的兴趣；老师告知本节活动的规则，让学生心中有数，充满期待。

（二）发展活动

1. 跑一跑。
（1）老师做快跑、慢跑的动作。
（2）学生模仿快跑、慢跑。
（3）老师和学生同步做快跑、慢跑。
（4）老师引导学生表达跑。
（5）学生示范动作，老师模仿学生快慢跑，并表达跑。

2. 跳一跳。
（1）老师做跳的动作。
（2）学生模仿跳。
（3）老师和学生同步跳。
（4）老师引导学生表达跳。

3. 蹲一蹲。
（1）老师做蹲的动作。
（2）学生模仿快蹲。
（3）老师和学生同步蹲。
（4）老师引导学生表达蹲。

设计意图

　　在活动中体验和理解跑、跳、蹲等动词意义；在活动中训练学生对动作的专注力，提高专注时间。

（三）巩固练习

1. 看平板电脑中的视频，点一点，说一说，并模仿做。
学生观看视频中的动作（一个界面同时出现两个动作视频），老师说动作名称，学生点击该动作视频，并复述动作名称，再做出动作。
2. 抽选卡片，做一做，说一说。
老师和学生玩抽奖游戏，照着卡片（卡片显示跑、跳、蹲等动作）做动作，并说一说动作名称。

📋 **设计意图**

在活动中再次体验和理解跑、跳、蹲等动词的意义，并练习正确说出跑、跳、蹲等动词。

（四）小结回顾，总结下课

1. 复习本节所学内容。
2. 老师奖励学生并下课。

📋 **设计意图**

老师展示所有动作卡片，带学生一起复习本节所学的跑、跳、蹲等动词，并评价学生本节课表现，奖励强化学习兴趣。

六、注意事项

1. 建议在铺有软垫的室内进行活动，确保学生安全。
2. 老师在做动作时注意引导学生专注观看。
3. 立即增强，强化学生专注行为，提高专注观看的动机，丰富方法。
4. 注意动静结合，关注学生的体能。

七、延伸活动

1. 课上：用动作（如手并手）示意坐好等。
2. 午餐：用动作示意餐食的吃法或提醒纪律要求。
3. 家里：用动作提醒穿衣、吃饭等。

第二节　模仿

导读

一、定义

模仿是指个体自觉或不自觉地重复他人的行为的过程，是一种学习的方式和过程，是社会学习的重要形式之一。尤其在儿童方面，其动作、语言、技能以及行为习惯、品质等的形成和发展都离不开模仿。模仿可按不同标准分为无意识模仿和有意识模仿、外部模仿和内部模仿等多种类型。

在不同的方面，模仿代表着不同的意义，以社交沟通为目的的模仿主要是学生通过重复他人的肢体动作、口腔发音、面部表情等去理解意义，并获得沟通的基本能力，掌握实现社交功能的途径。

二、分解目标

模仿分为六步：

1. 使用物品进行粗大动作模仿。
2. 粗大动作模仿。
3. 使用物品进行精细动作模仿。
4. 精细动作模仿。
5. 使用物品和不使用物品进行口部动作模仿。
6. 语言与动作模仿。

三、训练建议

1. 让学生模仿前要保证学生的注意力在老师身上。
2. 选择学生感兴趣的玩具或物品，提高学生模仿的意愿。
3. 老师的动作、表情、语调尽量夸张，让学生认为有趣，有利于模仿意愿的增强。
4. 模仿训练应循序渐进，准确把握学生处于模仿阶段的哪一步，在已有基础上再进行下一步训练。
5. 模仿应结合具体情境、具体事物或动作，以帮助学生理解习得。

活动范例一：我会操作沟通板认识玩具小汽车

广州市海珠区启能学校 白露莹

一、课型

个训课。

二、学情分析

基本情况：骆×怡，女，10岁，脑瘫。

语言理解：学生平时对自己的名字有反应，能理解环境中的声音，对熟悉的音乐有反应；在手势动作暗示下可遵守简单指令，在熟悉环境下可听懂简单指令，可指认常见物品、身体部位，但是量较少；可理解常见物品功能，可响应简单疑问句。

语言表达：学生可自己发出少量词，如"baba""mama"等；愿意模仿发音，但只能发出极少量语音；习惯使用动作（指人和拉人）或自己拿取的沟通方式；具备表达需求、社交互动的沟通能力，有主动沟通的意图，互动能力良好。

沟通方式与效度：学生能运用简单的肢体动作和表情与他人进行基本的交流，但是沟通效度不佳，只有熟悉的照顾者才能理解。

模仿能力：学生有模仿的意识，能模仿简单的发音及简单的肢体动作。

三、活动目标

1. 能模仿做圆唇的动作，发出"嘟嘟嘟"的声音。
2. 能模仿使用沟通板，参照老师给出的顺序点读图片中的事物。

四、准备材料

汽车玩具模型，语音沟通板（各种颜色汽车的图片，见图1-3）。

图1-3 语音沟通板

五、活动过程

（一）活动导入

1. 老师向学生招手问好，让其模仿老师的动作，向老师招手问好。

设计意图

> 通过师生互动、问好，提升学生对手部简单动作的模仿能力。

2. 语音训练游戏——坐车出去玩：老师唱童谣"汽车汽车，嘟嘟嘟嘟嘟，穿过大街，嘟嘟嘟嘟嘟，穿过大街，穿过大街，不怕风不怕雨，嘟嘟嘟嘟嘟"。让学生模仿老师做圆唇的动作，发出"嘟嘟嘟"的声音。

3. 语音训练结束，老师伸出双手，引导学生模仿老师伸出双手，跟老师做击掌的动作。

设计意图

> 通过训练学生模仿发出汽车鸣喇叭"嘟嘟嘟"的声音，锻炼学生唇部动作及简单发音的模仿能力。

（二）情境游戏

1. 创设情境：汽车到站了，要排队进车库。

2. 老师示范如何使用汽车玩具模型和自制的车库模型，按照一定的颜色顺序（白汽车、蓝汽车、黄汽车）将汽车玩具模型在自制的车库模型内排列好；同时示范使用语音沟通板，按汽车排列的颜色顺序点读图片中的事物（白汽车、蓝汽车、黄汽车）。

3. 让学生参照老师排列汽车玩具模型的颜色顺序，依次在语音沟通板上点读出来（白汽车、蓝汽车、黄汽车）。

设计意图

> 通过创设情境、老师示范使用沟通板、操作学具让学生模仿，增强学生的认知能力和学具操作的能力。

（三）奖励时间

1. 老师展示这节课的教学流程图，引导学生回顾这节课的学习内容"你参加了什么学习活动""你玩得开心吗"，让学生运用简单的肢体动作和表情回答老师的提问。

2. 奖励学生玩汽车。

六、注意事项

1. 学生在语言沟通训练中，表现出了主动沟通的意愿，能够尝试模仿老师的动作并与老师互动。让学生模仿发音时，可以使用沟通板录音（录汽车鸣喇叭的声音——"嘟嘟嘟"）进行示范。

2. 如果三辆颜色不同的汽车排序对于学生有难度，可以先降低难度，从模仿两辆颜色不同的汽车的排序开始训练。

3. 本次活动运用了创设情境教学法和游戏互动教学法，有效地调动了学生学习的积极性。今后可继续尝试类似的教学策略，运用学生感兴趣的教学材料和教学手段进行语言沟通的训练，逐步提升学生语言沟通的技能。

七、延伸活动

模仿的活动可融入家校合作训练中，例如：

1. 家长可利用家中现有的电子设备，如平板电脑、点读机等，让学生模仿使用；也可播放音乐，让学生模仿大人做动作，与家人互动。

2. 在平时的互动中，家长要加强学生唇部动作和发音的模仿训练。

活动范例二：有趣的动物叫声

广州市黄埔区启智学校 林婷婷

一、课型

个训课。

二、学情分析

基本情况：小郑，女，10岁，智力、言语多重障碍。

语言理解：叫名字有反应，能理解常用的一步指令，能理解熟悉环境中的声音；能理解并指认常见的具体事物，理解和指认熟悉物品图片；能理解动宾短语以及简单肯定句和否定句，可正确响应简单的疑问句。

语言表达：能在引导下说少量单音词、双音词；能发出日常熟悉的"爸爸""妈妈""拜拜"等叠词音，能在引导下说出少数几个熟悉的物品名称，但不清晰；表达方式多为肢体动作，如用手指指表示想要，推开表示不要；用动作表达需求；尚未发展读写能力。

沟通方式与效度：一般用手势等肢体动作进行简单交流，沟通效度差。

模仿能力：模仿被动，能使用整个手掌抓握较大的物品，腕部转动和手指操作的能力较弱，因此动作模仿能力弱；能模仿"j""m"等音节口部的动作。

三、活动目标

能至少模仿四个叠词发音："叽叽""嘎嘎""喵喵""汪汪"。

四、准备材料

神秘袋（动物图片，玩偶小鸡、小鸭、小猫、小狗），动物头箍（小鸡、小鸭、小猫、小狗），动画视频（含动物叫声的视频），强化物（零食2～3种），动物故事绘本（语言启蒙系列），啾啾沟通板（小鸡、小鸭、小猫、小狗）。

五、活动过程

（一）儿歌导入

1. 预告内容：今天我们一起玩角色扮演游戏，看看谁扮演的小动物最可爱。
2. 观看视频：先来听听可爱的小动物是怎么叫的。观看《动物怎么叫》儿歌视频。

3. 展示题板：在视频中听到哪些可爱的小动物的叫声。引导学生模仿叫声或者指认图片，老师展示动物图片。

> **设计意图**
>
> 学生喜欢看动画，利用动画视频导入，引起动机。

（二）神秘游戏

1. 神秘游戏摸一摸：神秘袋里有很多可爱的小动物想一起玩，请学生闭眼摸一摸（玩偶），抽取一个出来。当老师询问是什么动物时，学生能说出动物的名称或者点沟通板上对应动物的图片。老师再询问动物的叫声是怎么样的，并示范动物标志性动作和叫声，引导学生发音："叽叽""嘎嘎""喵喵"或"汪汪"。

2. 强化奖励：每结束一轮，便使用强化物进行奖励；老师询问学生想要获得哪种奖励时，学生可用手语或者模仿零食名称发音以进行回应。

> **设计意图**
>
> 不透明的神秘袋容易激发学生兴趣，使学生集中注意力，主动模仿动作和声音。

（三）情境练习

1. 听儿歌《王老先生有块地》：完成认识四种动物叫声。老师询问学生："我们到王老先生的动物农场玩一玩。留心听，动物农场有什么？"

2. 佩戴动物头箍，跟随音乐律动：让学生选择喜欢的头箍，跟随音乐，模仿选择的动物声音和动作。音乐过程中会有四种以上动物声音，提醒学生注意辨认自己所选择的动物声音。

3. 结束后，使用强化物进行奖励，学生可用手语或者模仿零食名称发音以进行回应。

> **设计意图**
>
> 学生的注意力分散，音乐中的声音辨认需要学生较长时间去注意听；加入游戏可以激发其兴趣，维持注意力。

（四）游戏大比拼

比赛我最快：随机播放某一种动物声音的音乐，老师和学生坐羊角球进行比赛。在课室内寻找与这种动物叫声相同的动物图片或者玩偶，并模仿其叫声，正确且速度快者即为获胜者，可获得强化物。

> **设计意图**
>
> 检验学生是否能够分辨多种动物叫声并且主动模仿出来。

六、注意事项

1.学生注意力较为分散，维持时间短，需要多次提醒。因此在活动过程中，老师可利用动画视频、音乐以及零食等强化物，与学生积极互动，调节气氛，极大调动学生积极性和注意力。

2.学生能理解简单陈述句和疑问句，因此在活动中指令和提问以使用动宾结构单句为主。

3.老师需要多次重复教学内容，学生才能理解并记忆。

4.学生不擅长粗大动作，活动过程中应注意学生安全，避免摔跤。

七、延伸活动

1.围绕动物园里有什么，学习其他多种动物名称，模仿相关名词词汇的发音。

2.学习简单双音节、多音节词语。

活动范例三：我会做

广州市越秀区启智学校　彭飞

一、课型

个训课。

二、学情分析

基本情况：小城，男，7岁，重度智力障碍。
语言理解：能理解环境中的简单指令。
语言表达：无口语，喜欢喊叫。
沟通方式与效度：沟通意愿较为主动，经常用直接拿取、喊叫等方式表达需求。
模仿能力：能认知日常生活中的部分常见物品。

三、活动目标

1. 能模仿伸手"要"的动作。
2. 能模仿手指"指"的动作。
3. 能用伸手表达"要"的需求。
4. 能用手指指示表达想要的物品。

四、准备材料

手鼓，闪光球，回力玩具车。

五、活动过程

（一）拍一拍

1. 主教老师在学生面前拍一拍手鼓，同时兴奋地唱着"耶！耶！耶"，引起学生注意。

2. 助教老师打开手掌、伸手，并说"要"，主教老师将手鼓给助教老师。助教老师在学生面前拍一拍手鼓，同时也兴奋地唱着"耶！耶！耶"，助教老师将手鼓还给主教老师。

3. 主教老师在学生面前拍拍手鼓，助教老师伸出手，并说"要"，同时引导学生打开手掌、掌心向上伸至主教老师面前。主教老师将手鼓给学生，主教老师说"来拍三下"，学生拍手鼓，助教老师兴奋地唱着"耶！耶！耶"，然后将手鼓还给主教老师。

反复5次。

　　用学生喜欢的手鼓引起其兴趣和注意力，注意是模仿的第一步；通过动作示范，让学生逐步掌握动作要求及学会表达需求。

（二）闪一闪

　　1. 主教老师在学生面前玩闪光球，助教老师伸出手，并说"要"，主教老师扔闪光球在桌面弹起给助教老师。

　　2. 主教老师引导学生打开手掌、掌心向上伸至助教老师面前。助教老师将闪光球扔给学生。主教老师说"一二三，闪一闪"，学生和老师一起玩闪光球，然后主教老师数三下，学生将闪光球还给主教老师。

　　反复5次。

　　利用学生喜欢的物品，引起学生的沟通动机，让学生学会模仿表达的动作。

（三）比一比

　　1. 主教老师在学生面前玩回力玩具车，助教老师引导学生伸手表示"要"。

　　2. 主教老师和学生一人一辆回力玩具车进行比赛。比赛完，主教老师点评，并收起回力玩具车。

　　反复5次。

　　引导学生运用模仿的动作。

（四）指一指

　　1. 桌面上摆放手鼓、闪光球、回力玩具车。

　　2. 主教老师对着助教老师问："你想玩哪一个？"

　　3. 助教老师用手指指闪光球，主教老师将闪光球给助教老师玩。

　　4. 主教老师对着学生问："你想玩哪一个？"

　　5. 助教老师在旁边伸出食指，引导学生伸出食指，并指向一个玩具。学生玩三下玩具，还给主教老师。

　　反复5次。

　　在表达需求中，让学生学会模仿用手指指示表达需求的动作。

（五）总结和整理

小结学习内容，给予奖励。

六、注意事项

1. 助教老师动作示范时，要引导学生注意观察；学生模仿动作时，助教老师需要协助。

2. 动作模仿中，助教老师要帮学生旁白其动作表达的意思。

3. 在手指指示表达需求的动作模仿中，要注意动作的指向性明确。

七、延伸活动

1. 拍一拍。

主教老师在场室一角拍手鼓，助教老师引导学生走过去。助教老师伸出手，并说"要"，同时引导学生打开手掌、掌心向上伸到主教老师面前。主教老师将手鼓给学生，主教老师说"来拍三下"，学生拍手鼓，助教老师兴奋地唱着"耶！耶！耶"，然后学生将手鼓还给主教老师。

反复5次。

2. 闪一闪。

主教老师在场室玩闪光球，助教老师伸出手，并说"要"，主教老师扔闪光球在地面弹起传给助教老师，助教老师又回扔给主教老师。助教老师引导学生打开手掌、掌心向上伸向主教老师，主教老师将闪光球扔给学生，主教老师说"一二三，闪一闪"，学生和助教老师一起玩闪光球，然后主教老师数三下，学生将闪光球还给主教老师。

3. 比一比。

主教老师在场室一边玩回力玩具车。助教老师引导学生走过去，伸手表示"要"。

主教老师和学生一人一辆回力玩具车进行比赛。比赛完，主教老师点评，并收起回力玩具车。

八、评价与反思

1. 在语言沟通中，动作模仿很重要。但这里进行的动作模仿是为了让学生用动作来表达需求。

2. 助教老师的动作示范十分重要，学生不仅是学习模仿动作，更重要的是用动作来表达需求。

3. 学生的动机也很重要。通过玩引起学生的兴趣，激发学生的沟通动机，从而引发学生表达的需求。

4. 在动作模仿的同时也可以引出声音的模仿，如"啊""嗯"等。

5. 动作模仿之后，应该更注重泛化运用。除了在个训室中进行动作模仿、动作表达外，还应在教室中进行反复练习，最终达到学生主动表达的目的。

活动范例四：有趣的小鸭子

广州市番禺区培智学校　慕晓慧　刘秀花

一、课型

个训课。

二、学情分析

基本情况：小潘，男，8岁，智力障碍。

语言理解：能理解少量日常生活中的简单指令。

语言表达：在引导下能说少量单音词、双音词；非口语表达方面，对不喜欢的东西会推开表示拒绝，喜欢的东西能用手指示或拿取。

沟通方式与效度：沟通以动作为主，口语为辅，仅能被熟悉的人理解。

模仿能力：能认识和使用生活中部分常见物品；能配对实物与图片，但学习主动性欠缺，需要较多的提醒或者有力的强化物。

三、活动目标

1. 模仿找小鸭。
2. 模仿小鸭的动作、叫声。
3. 模仿发音"小鸭"（或"鸭"）。

四、准备材料

模型小鸭（笔），视频，小鸭头饰，强化物（零食，汽车玩具）。

五、活动过程

（一）暖身活动

1. 师生问好，动作模仿：起立、坐下、手放好。
2. 听儿歌模仿口腔动作和单音：引导学生模仿张大嘴巴"aaa"，牙齿对齐"iii"。

（二）活动导入

1. 播放鸭子的视频，引起学生的注意。

2. 提出问题，引起学生兴趣："今天老师带来了一个动物朋友，是谁呢？"

（三）示范教学

1. 初步认识小鸭。

（1）观看小鸭走路的视频。

（2）指着小鸭问学生："这是什么？"

（3）跟老师模仿发音"小鸭"。

2. 老师展示模型小鸭。

（1）老师从教具篮中拿出小鸭（笔和小鸭二选一）。

（2）学生模仿老师从学具篮中拿出小鸭（笔和小鸭二选一）。

（3）跟老师模仿发音"小鸭"（或"笔"）。

3. 模仿小鸭的动作。

（1）再次播放小鸭走路的视频，指着小鸭问："小鸭是怎样走路的？"

（2）老师模仿小鸭走路。

（3）学生跟着老师模仿小鸭走路。

4. 模仿小鸭的叫声。

（1）播放小鸭叫声的视频，指着小鸭问："小鸭是怎样叫的？"（反复听几次）

（2）老师模仿小鸭的叫声。

（3）学生跟着老师模仿小鸭叫。

📋 设计意图

> 鸭子的叫声和走路姿势学生较熟悉，且易模仿，能较好地引起学生的学习兴趣。

（四）游戏活动

1. 找小鸭。

模仿老师从学具篮里找出模型小鸭，跟老师模仿发音"小鸭"。（选两次，分别是二选一、三选一）

2. 戴小鸭头饰。

模仿小鸭走路与叫声。

3. 小鸭游水——播放音乐《数鸭子》。

模仿把小鸭放进水里。（一盆水）

📋 设计意图

> 游戏活动的设计动静结合，激发学生学习兴趣，提高关注度，让学生能真正动起来。

（五）整理活动

1. 模仿老师将物品收拾好，放在指定的位置。
2. 模仿老师"再见"的手势及语音。

📋 **设计意图**

让学生收拾物品，既是模仿，也是培养学生良好的习惯。

六、注意事项

1. 选取的教学内容和活动是学生感兴趣的，关注了才能刺激模仿。
2. 模仿的动作或者语言是学生力所能及的。
3. 要给予学生时间，等待学生的回应。同时，也要强化学生的回应。
4. 学生对图片较感兴趣，能做简单的区分。
5. 模仿的内容尽量丰富，有动作方面的模仿，也有声音方面的模仿。
6. 模仿由易到难，开始时只是动作的模仿，最后可以有声音、动作等两个方面以上的模仿。

七、延伸活动

在家和学校可以围绕学生熟悉的动物展开模仿活动，家长和老师可以引导学生模仿一些简单的动作、声音等，提高学生对事物的关注度及模仿能力。

第三节　参与

导读

一、定义

参与技能的任务分析：安坐、安坐并能完成一项活动、对名字呼唤有眼神对视、视觉追踪。

安坐：学生能够坐住，身体不乱动（手放在桌子上或腿上），保持安静不说话。

安坐并能完成一项活动：学生能坐住，身体不乱动（手放在桌子上或腿上），保持安静不说话，坐在指定地方并完成选定的活动。

对名字呼唤有眼神对视：当学生听到自己的名字时，能与老师有眼神接触。

视觉追踪：当呈现一个学生喜欢或非喜欢的物品时，能追踪该物品在不同的位置最多十秒。

二、目标分解

（一）安坐目标分解

1. 坐在椅子上1~2秒。
2. 坐在椅子上3~5秒。
3. 坐在椅子上10秒。
4. 坐在椅子上30秒。

（二）安坐并能完成一项活动目标分解

1. 坐在椅子上10秒。
2. 坐在椅子上30秒。
3. 安坐30秒同时参与自选的活动。
4. 安坐60秒同时参与老师选的活动。
5. 安坐2分钟同时参与老师选的活动。
6. 安坐4分钟同时参与老师选的活动。
7. 安坐6分钟同时参与老师选的活动。
8. 安坐8分钟同时参与老师选的活动。
9. 安坐10分钟同时参与老师选的活动。

（三）对名字呼唤有眼神对视目标分解

1. 被呼唤到名字时，能与老师保持眼神对视1秒。
2. 被呼唤到名字时，能与老师保持眼神对视2秒。

3. 在被其他活动转移注意力时，被呼唤到名字能与老师保持眼神对视至少1秒。

4. 在被其他活动转移注意力时，被呼唤到名字能与老师保持眼神对视3～5秒。

（四）视觉追踪目标分解

1. 当把喜欢的物品拿到左边时，会看向物品，并保持3秒。

2. 当把喜欢的物品拿到右边时，会看向物品，并保持3秒。

3. 当把喜欢的物品向上举时，会看向物品，并保持3秒。

4. 当把喜欢的物品向下放时，会看向物品，并保持3秒。

5. 会看向喜欢的物品，并追踪物品到4个不同方位保持10秒。

6. 当把非喜欢的物品拿到左边时，会看向物品，并保持3秒。

7. 当把非喜欢的物品拿到右边时，会看向物品，并保持3秒。

8. 当把非喜欢的物品向上举时，会看向物品，并保持3秒。

9. 当把非喜欢的物品向下放时，会看向物品，并保持3秒。

10. 会看向非喜欢的物品，并追踪物品到4个不同方位保持10秒。

三、训练建议

（一）操作方面

1. 能够安坐是学生进行下一个训练项目前，必须获得（或至少有进步）的一个基本技能。

2. 根据目标分解层层递进。在教授一项技能前确保上一项技能学生已经掌握。

3. 从对学生有强化作用的活动开始教学。

4. 在训练"对名字呼唤有眼神对视"时，保持强化物不要靠近学生的脸，因为需要达到的效果是学生听到叫自己的名字时有反应，并能看老师的脸，而不是强化物。

5. 在训练"视觉追踪"时，如果学生在追踪物品时不能持续，可以使用一个能吸引其注意力的强化物，如发光的玩具、有声音的玩具或颜色鲜艳的玩具。

6. 及时强化，要不断更换强化物，避免学生对一种强化物产生厌倦感。

7. 注重泛化（泛化到其他材料、刺激物或环境）。

8. 记录学生的反应。如出现停滞、不稳定的训练趋势时，分析原因，及时调整教学策略。

（二）活动方面

建议选择以感官体验为主的活动，因为这类活动可能为学生提供一个内在的自动强化作用。如学生喜欢声音刺激，那就可以选择看音乐书、玩有声拼图、玩发声玩具等活动。

活动范例一：我来参与活动

广州市番禺区培智学校　陈慧芬

一、课型

个训课。

二、学情分析

基本情况：林×瑶（瑶瑶），女，8岁，智力障碍。

语言理解：听到熟悉的人的声音能转头望向声源；能执行少许常见一步简单指令，如过来、喝水、拉裤子等；能拿取自己常用的物品，如杯子、椅子、书包等。

语言表达：暂无口语，只可发出"呜呜""啊啊"的声音。

沟通方式与效度：看到自己喜欢的东西基本是直接用手去拿或抢。如果拿不到，会去拉扯身边的老师或照顾者，若此人不明白或者不满足学生，学生会持续发出"呜呜""啊啊"的声音，甚至直接脱裤子。

参与能力：注意力持续时间少于5秒；喜欢走来走去，安坐时间少于10秒。

三、活动目标

1. 能安坐15秒。
2. 能安坐30秒，并参与自选的活动。
3. 能安坐60秒，并参与老师选择的活动。

四、材料准备

下载有动画儿歌的平板电脑，玩具箱，音乐彩虹套圈等若干玩具，装有零食的盒子，瓶子。

五、活动过程

（一）播放儿歌视频

1. 老师呼唤学生的名字，展示平板电脑告知学生一起观看儿歌视频，并带领学生坐到相应的座位上。

2. 老师打开平板电脑，播放学生喜欢的儿歌。若学生离开座位，老师则立即暂停播放。老师引导学生坐回座位，待学生坐回座位后，老师告知学生："瑶瑶坐好，可以继续观看儿歌视频。"老师继续播放儿歌视频。

3. 待一首儿歌播放完毕，老师暂停播放儿歌视频，表扬学生："瑶瑶坐在这里看儿歌视频，真棒！

现在可以继续看视频了。"老师继续播放儿歌视频。

4. 如上操作若干轮，老师关闭平板电脑并告知学生儿歌视频观看结束。

设计意图

利用学生感兴趣的活动形成安坐的意识。

（二）玩具盒

1. 老师展示一个玩具盒，请学生选取自己喜欢的玩具（以音乐彩虹套圈玩具为例）。

2. 学生选择音乐彩虹套圈，老师将套圈摆放到学生面前的桌子上，并告知学生："瑶瑶，我们来玩套圈吧！"

3. 老师等待学生完成全部套圈后表扬学生："你真棒，自己套完所有套圈。"

4. 老师奖励学生。

5. 如上操作若干轮。

设计意图

利用学生喜欢的玩具，延长学生安坐的时间。

（三）寻宝游戏

1. 老师在学生面前展示装零食的盒子，然后打开盒盖请学生挑选一种零食（以葡萄干为例）。

2. 老师请学生品尝几颗葡萄干，然后告知学生："现在我们来玩找葡萄干的游戏吧。"

3. 老师将一颗葡萄干放在一个瓶子里，再将瓶子移动到桌面的某个角落，询问学生："瑶瑶，葡萄干在哪里？"老师引导学生寻找装有葡萄干的瓶子。当学生拿到瓶子时，教师表扬："呀！瑶瑶找到葡萄干了。"然后将葡萄干递给学生。按照以上操作方式，将装有葡萄干的瓶子移至桌面的不同角落，重复几次。

4. 待学生以上行为稳定后，老师将装有葡萄干的瓶子放置于教室的其他位置，等待学生寻找。

设计意图

利用强化物延长学生安坐的时间，并调动学生参与到老师设计的活动中。

六、注意事项

1. 在训练开始前，先进行学生强化物的调查，如食物、玩具、活动等。

2. 在训练参与能力的初期，要充分利用强化物，以激发学生的参与意识。

3. 活动过程中，老师需要用夸张的声音或动作来表扬学生，让学生增强参与的兴趣。

七、延伸活动

1. 老师可以在班级教学中进行延伸，例如：

（1）参与班级的音乐活动，每5分钟安排助教老师和学生互动至少1分钟。

（2）参与晨读的点名活动，安坐1分钟，听其他同学的介绍。

（3）参与班级的区角操作活动，选择自己喜欢的活动安坐玩耍。

2. 可以在家庭中进行延伸，如参与到家庭的用餐中，安静坐好，等餐具摆放好。

活动范例二：冲关赢大奖

广州市白云区云翔学校　陈育

一、课型

个训课。

二、学情分析

基本情况：陆×熙（熙熙），男，8岁，孤独症。

语言理解：对声音有反应，会转向声源，对环境中的声音理解较好；在熟悉的情境下，能理解简单的一步指令；能理解常用的表示具体事物的词汇，在动词理解方面，能理解常用的动词（如坐下、起立、喝水等）。

语言表达：极少与人进行眼神接触；有口语，能模仿简短词语发声；会主动表达与生理需求相关的单词（如吃东西、喝水、大小便等）。

沟通方式与效度：主动表达和沟通的意愿较弱，大部分是对下达指令的回应，一个指令一个回复。

参与能力：能安坐在座位上2分钟玩自己喜欢的玩具；当被叫到自己的名字时，绝大部分时候与呼唤者没有眼神接触；在视觉追踪方面，能看向自己喜欢的物品保持5秒。

三、活动目标

1. 能安坐2分钟，同时参与老师选的活动。
2. 当听到自己的名字时，能与老师有眼神接触1秒。
3. 会看向喜欢的物品，并追踪物品到4个不同方位且保持5秒。

四、材料准备

冰块模具，珠子，自制笑脸夹板，夹子，纽扣画，薯片，饼干，虾条，山楂条，玩具飞机，闹钟。

五、活动过程

（一）问好

师生进入训练室，面对面坐下，老师主动打招呼说"熙熙"，如学生和老师没有眼神接触，则用手轻轻挡在学生的眼前，慢慢将学生的眼神引到与老师目光接触维持1秒，并对学生说"早上好"（或"下午好"，视具体情况而定）。学生回应，老师立即夸奖学生看老师的行为："熙熙，看老师了，很棒哦！"奖励学生爱吃的薯片。

老师拿出操作篮，简单讲解本堂课所要完成的任务。

📋 设计意图

在课堂初始的例行问候中，自然地训练学生对名字呼唤有眼神对视的能力，学生做出期待反应后得到强化物，这也让学生以比较愉快的心情开始训练。

（二）完成桌面操作任务

1. 放珠子。

步骤一：先叫学生的名字"熙熙"引起学生的注意，并引导学生与老师眼神接触维持1秒，做到后立即言语夸奖并奖励一根短短的虾条；如学生没有做到，则辅助（用手轻轻挡在学生的眼前，慢慢将学生的眼神引到与老师目光接触）达成，这里只言语强化"熙熙看老师了，不错哦"，无食物强化。

步骤二：接着简单示范（言语加动作）如何操作，即"将珠子放到格子里，一个格子放一个"，"格子满了就完成了"。接着由学生来操作。（大约持续2分钟）

步骤三：操作结束后，立即口头表扬："熙熙完成任务了，特别棒！"奖励学生一小块饼干。

学生休息，吃饼干。

2. 夹夹子。

步骤同"放珠子"的三个步骤。

3. 贴纽扣。

步骤同"放珠子"的三个步骤。

📋 设计意图

这部分安排了三个平行的桌面操作活动，在每个活动开始前叫学生的名字引起学生注意，同时也是训练学生掌握在听到自己名字时与老师目光接触的恰当时机。

（三）奖励玩耍时间

将操作篮展示给学生，并口头称赞："熙熙今天的三个活动都完成了，很棒！你可以得到一个大奖——大飞机。"展示大飞机（飞机带有音效），将大飞机各放在学生的上、下、左、右的方位模拟飞机飞行（用话语吸引学生的注意力，"飞机要飞了，飞到了这里，飞到那里了……"），在模拟飞机飞行的时候注意观察学生的眼神是否跟上，跟上了就在四个方位的每个方位上停留大概5秒，如学生一时没有反应，则把飞机放到离学生更近的位置再次引导。学生完成视觉追踪后，奖励学生玩大飞机3分钟。

定下3分钟的闹钟，跟学生约定好，时间到了就要把飞机还给老师。

设计意图

在学生完成主要任务后顺势奖励玩耍时间。学生特别喜欢声音刺激，尤其是交通工具，因此选择自带音效的大飞机，并且飞机飞行的轨迹正好可以训练学生的视觉追踪能力。

（四）再见活动

让学生帮忙将操作篮放回柜子。对学生物品归位的行为进行夸奖，并奖励薯片。

下课仪式，互道再见。

设计意图

再见活动中，训练学生物品归位的常规习惯以及与人道别的互动表达。

六、注意事项

1. 根据目标分解层层递进。在教授一项技能前确保上一项技能学生已经掌握。

2. 目标难度的选择要在学生原本的基础上调试，不能步子太大，也不能太小。太大的话学生无法完成，容易产生挫败感；太小则可能会因为重复，使学生厌倦。

3. 在操作活动和材料的选择上，优先选择自带强化效果的。

4. 在训练中，可安排学生已经掌握较好但在维持阶段的一些技能穿插其中。

七、延伸活动

参与技能要泛化到不同活动和环境中，如学习活动、休闲活动、例行活动等活动及学校环境、家庭环境、社区环境等环境。例如：

1. 生活中的例行问候和道别时，引导学生（如面对面、挥手、摸头等）有眼神对视。

2. 课堂学习中的桌面操作、连线活动等，绘画手工课的涂鸦涂色、捏、揉、搓、压等活动，看绘本、听故事、听音乐等休闲活动，先从学生喜欢的活动入手，训练学生的安坐能力。到后面学生的安坐能力稳定下来，让学生参与日常活动、家务活动（如洗碗、洗菜等）、社区活动（如观看社区演出、参加春秋游等），或者学生非喜欢的活动（如写字），参与的时间由短到长。

3. 先从学生喜欢的物品入手，展示学生喜欢的奖励物或新异刺激，学生若能视觉追踪就可得到，反之则不能。后面用学生非喜欢的物品进行训练，学生若能视觉追踪就可得到喜欢的奖励物。

活动范例三：我们一起玩卡片游戏

广州市白云区云翔学校　钟柳华

一、课型

个训课。

二、学情分析

基本情况：陈×锋，男，13岁，孤独症。

语言理解：能理解常见具体事物，如常见的名词（书包、杯子、苹果、雪梨等）和少量动词（打、跑、拿、走、拍）；能听懂简单短句，如去扔垃圾、拿水杯等。

语言表达：在引导下能说出少量日常用词，如"老师""妈妈"，有时候会无意识地仿说，如"上课""请坐"；表达方式多为肢体动作，如触碰别人表示打招呼、用手去拉别人表达想要、推开别人表达拒绝等。

沟通方式与效度：在有需求时，偶尔会拉别人的手，但大多数情况下会未征得他人同意自己去获得，需求得不到满足时，会用头磕膝盖。

参与能力：能安坐一节课的时间；安坐并完成一项活动，持续时间约为10分钟；当有人叫学生的名字时，会与呼唤者有短暂的眼神接触；看到自己喜欢的物品，眼神会跟随移动3秒以上。

三、活动目标

1. 当喜欢的物品被挪到左侧时，持续追视10秒。
2. 当喜欢的物品被挪到右侧时，持续追视10秒。

四、准备材料

葡萄、牛奶片、饼干、卡片等强化物。

五、活动过程

（一）发卡片游戏（左侧）

老师展示学生喜欢的卡片，告诉学生今天来玩卡片游戏。

老师先简单讲解游戏规则并示范：老师边发卡片边数数，并且每次发的卡片都在学生的左侧。

1. 第一轮（快速）：老师开始发卡片，一边从1数到10，一边快速把卡片发在学生的左侧，观察学生的视线是否每次都会追随卡片，马上请学生把卡片收起来。

2. 第二轮（中速）：老师开始发卡片，一边从1数到10，一边中速把卡片发在学生的左侧，观察学生的视线是否每次都会追随卡片，马上请学生把卡片收起来。

3. 第三轮（慢速）：老师开始发卡片，一边从1数到10，一边慢速把卡片发在学生的左侧，观察学生的视线是否每次都会追随卡片，马上请学生把卡片收起来。

每一轮游戏完成后，奖励学生一颗葡萄。老师把葡萄放在学生的左侧，让学生自己去拿。

设计意图

结合学生喜欢的强化物和活动目标设计发卡片的游戏，让学生自然练习追视的技能。

（二）发卡片游戏（右侧）

1. 第一轮（快速）：老师开始发卡片，一边从1数到10，一边快速把卡片发在学生的右侧，观察学生的视线是否每次都会追随卡片，马上请学生把卡片收起来。

2. 第二轮（中速）：老师开始发卡片，一边从1数到10，一边中速把卡片发在学生的右侧，观察学生的视线是否每次都会追随卡片，马上请学生把卡片收起来。

3. 第三轮（慢速）：老师开始发卡片，一边从1数到10，一边慢速把卡片发在学生的右侧，观察学生的视线是否每次都会追随卡片，马上请学生把卡片收起来。

每一轮游戏完成后，奖励学生一片牛奶片。老师把牛奶片放在学生的右侧，让学生自己去拿。

设计意图

结合学生喜欢的强化物和活动目标设计发卡片的游戏，让学生自然去练习追视的技能。

（三）发卡片游戏（左右侧）

1. 第一轮（快速）：老师开始发卡片，一边从1数到10，一边快速把卡片从学生的左侧移到右侧，观察学生的视线是否每次都会追随卡片，马上请学生把卡片收起来。

2. 第二轮（中速）：老师开始发卡片，一边从1数到10，一边中速把卡片从学生的左侧移到右侧，观察学生的视线是否每次都会追随卡片，马上请学生把卡片收起来。

3. 第三轮（慢速）：老师开始发卡片，一边从1数到10，一边慢速把卡片从学生的左侧移到右侧，观察学生的视线是否每次都会追随卡片，马上请学生把卡片收起来。

每一轮游戏完成后，奖励学生一块饼干。老师把饼干从学生的左侧移到右边，让学生自己去拿。

设计意图

利用游戏完成后的奖励环节，让学生练习追视技能。

六、注意事项

1. 刚开始发卡片的速度可以快一点，后面可以放慢速度，根据学生的追视情况调整速度。

2. 奖励环节也要利用好，在这个过程中可以训练学生去追视喜欢的物品。

3. 设计的游戏或者情境要自然。

七、延伸活动

在学校或家的时候，都可以训练学生的追视技能，例如：

1. 水果时间。拿着水果在学生面前左右走动，学生能够追视10秒以上再发水果。

2. 游戏时间。拿着学生喜欢的玩具左右晃动，学生能够追视10秒以上再给学生玩。

3. 吃饭时间。吃饭过程中把学生喜欢吃的菜分别挪到学生的左边和右边，学生能够追视10秒以上再给学生吃。

活动范例四：我会参与游戏

广州市白云区云翔学校　林艳芳

一、课型

个训课。

二、学情分析

基本情况：冯×颖，女，7岁，智力障碍。

语言理解：听觉反应机警度良好，能对听到的指令做出反应；在熟悉的情境下可听懂简单的指令；能理解环境中的声音；能指认常见的物品。

语言表达：能仿说简单句表达需求；存在构音障碍，发音不清晰，在沟通互动中容易引起歧义，需要结合实际情境加以解读。

沟通方式与效度：沟通意愿被动，以复述他人的话和简单字词回复为主。

参与能力：在参与方面较弱，大部分是对下达指令的回应，一个指令一个回应。

三、活动目标

1. 能在一对一的活动中，参与简单操作游戏活动。
2. 能在一对一的活动中，参与互动游戏活动。
3. 能主动参与自己喜欢的游戏活动。

四、材料准备

音乐，视频，PPT（演示文稿），怪兽玩具，动物玩具，空气锤子，洋娃娃及其穿戴物品。

五、活动过程

（一）萝卜蹲

1. 游戏导入：

"××蹲，××蹲，××蹲完××蹲……"

2. 当学生不参与游戏时，老师双手拉着学生的手一起完成，并给予学生鼓励和表扬。

3. 当学生能够参与游戏时，老师放开学生的手，让学生跟着音乐和老师开心互动，完成后给予学生表扬和奖励。当学生没有关注老师时，可以用声音或假动作吸引学生注意。

> **📋 设计意图**
>
> 通过游戏，老师可以引导学生参与活动，增加师生间的互动。

（二）打击大怪兽

1. 老师和学生围着小圆桌坐好，学生看到老师拿出怪兽玩具时，用空气锤捶打怪兽，打中了可以解救被怪兽关起来的小动物（动物玩具），打中一次只可以解救一只小动物。

2. 老师说完"我是大怪兽，我来抓你啦"之后，学生扮演捶打怪兽的角色。然后老师和学生交换角色，学生扮演怪兽，老师击打怪兽。

3. 老师手拿怪兽玩具时，先让学生不费劲就能打中，并给予学生极大的表扬，让其体会到参与这个活动的乐趣，等学生参与进来时慢慢地加大难度，同时给予学生鼓励。

> **📋 设计意图**
>
> 通过角色扮演的游戏，提高学生参与活动的主动性和积极性。

（三）我是漂亮的洋娃娃

1. 老师和学生围坐在圆桌旁，桌上摆放着一个漂亮的洋娃娃及其不同衣物、饰品等，老师和学生一起玩为洋娃娃打扮的游戏。

2. 当学生不主动参与时，老师先帮洋娃娃打扮，然后故意表现出选择有困难的表情，让学生能够主动地参与进来。

3. 学生在参与活动时，老师可以在活动中增加与学生互动的对话，通过为洋娃娃挑选穿戴物品进行互动。

4. 学生与老师互动时，老师可故意给洋娃娃穿错或穿反衣服、鞋子，让学生通过自己的观察发现老师的错误来主动表达，激发学生在活动中的主动性。

> **📋 设计意图**
>
> 进一步加大参与活动的难度，从简单操作的方式进行互动，过渡到语言表达进行互动。

六、注意事项

要区分好参与活动与表达意愿的阶级能力：参与是初级阶段，表达意愿则是中级阶段。应该根据学生的实际能力安排活动，在训练参与能力时可以不必太强调表达能力。如果学生能力可以，则可以通过提升活动难度的方式让学生参与语言互动活动。

七、延伸活动

参与活动这方面可融入学校的日常学习和家庭的日常生活中，例如：

1. 唱游律动课上的团体游戏活动、课堂学习中游戏比赛活动，安排助教老师或者另一个学生与其一对一互动。

2. 学校日常的清洁打扫活动，安排助教老师或者另一个学生与其合作完成清洁活动。

3. 班集体活动中让学生扮演其中一个角色，和全班学生一起完成表演。

4. 和家人一起完成某一项任务，如洗菜。

第四节　轮流与等待

导读

一、定义

1. 轮流。

在一来一往的互动过程中，一人抛出一个信号，然后等着另一人回应。后者所回应的，与前者所抛出的信号有某种程度的关联；接着就轮到第二人等待第一人再次回应，这就是所谓的轮流。

2. 等待。

等待通常是指不采取行动，直到期望的人物、事物或情况出现。

二、目标分解

1. 从结构化分解。

（1）在结构化的游戏活动中，能与他人轮流、等待。

（2）在非结构化的游戏活动中，能与他人轮流、等待。

2. 从主动性分解。

（1）在与他人互动时，能在提示下与他人轮流、等待。

（2）在与他人互动时，能主动与他人轮流、等待。

三、训练建议

1. 教导学生轮流的技巧。

（1）结构化的轮流。

结构化的轮流是指学生事先知道何时轮到他，例如玩大富翁。提供结构化环境与视觉提示的支持，让学生清楚知道他要在何时何地做何事，要做多久。例如以名牌、胶带、色卡、照片等，标示学生要站或要坐的位置，以沙漏或定时器告知游戏的时长，以连环图画传达活动的内容与顺序等。

（2）非结构化的轮流。

非结构化的轮流，指轮流的顺序不是事先决定的，例如下课时间学生的聊天或玩玩具。非结构化的轮流可以考虑以社会性故事，来教导学生轮流说话或玩玩具的一般规则，教会他察言观色。

2. 教导学生等待的技巧。

等待的训练策略，在于使用各种具体的视觉提示来协助学生。例如，在黑板上放三张数字卡，代表等待的时长，等三张卡片拿下来后，就轮到学生进行活动；或者拿一支仙女棒传给学生，没有传到的人就要等待，待仙女棒传到手上时，才轮到他；或者在等待时，唱学生喜欢的歌，以歌曲的时长代表等待的时长。

活动范例一：有趣的传球

广州市海珠区启能学校　李欣仪

一、课型

小组训练课。

二、学情分析

基本情况：小组人数为3人，其中1名是特殊儿童晴晴，5岁。另外两名同学为普通儿童，男生叫阳阳，2岁10个月；女生叫婧婧，2岁5个月。

A组：阳阳，婧婧。

B组：晴晴。

语言理解：A组：具有较好的语言理解能力，能理解大多数日常生活和课堂中的常用语言。B组：具有一定的语言理解能力，能对特定熟悉的口语指令或音乐指令有反应，如坐坐、排队、喝水、穿鞋、冲水等；会对熟悉的音乐有反应，可以模仿老师做一些简单的动作，如拍手、双手举起等。

语言表达：A组：能运用简单句，包括陈述句、疑问句；沟通动机方面能主动向他人表达需求；喜欢分享自己的信息。B组：能说少量词语，如"妈妈""晴晴""要吃""谢谢"等；不开心时会发出一些喉音，开心时会自己发出一些旁人觉得毫无意义的音。

沟通方式与效度：A组：能用口语、动作表情表达需求和情绪，情绪稳定，沟通效度较好，绝大多数表达内容能被理解。B组：惯用动作和声音、表情表达需求和情绪，有时会使用自己的语言；不开心时会发脾气，如在地上打滚、晃头、往后扭腰、哭闹等；想要东西时会直接拿，不会伸出手指提示；很少与陌生人互动，对熟悉的照顾者比较亲近，喜欢通过手势动作，与熟悉的人分享自己看到的东西；发音不清晰，而且表达的内容常常不明确，导致沟通效度不足，只有熟悉她的照顾者才能明白其部分沟通意图。

轮流与等待：A组：能遵守老师提出的规则，在游戏中能自觉进行轮流与等待；但由于年纪还小，等待时间较短。B组：有向集体靠近的愿望，在强化物的诱导下能与老师进行简单互动。

三、活动目标

1. 能与他人进行两人传球游戏。
2. 能在多人传球游戏中，不离开自己的位置。
3. 能在传球游戏中，不抢他人手上的球。

四、材料准备

篮球，自制计分板，奖励选择板（见图1-4），分组抽奖箱，班级常规音乐（上课、收玩具、兔子舞音乐），奖品（山楂片、海苔等）。

图 1-4　奖励选择板

五、活动过程

（一）师生问好，课程预告

1. 听上课音乐，模仿老师拍手动作，与老师相互问好。

老师："上午好！"

学生："老师好！"

2. 预告本课的内容：进行传球游戏，获胜的学生能得到奖励。展示奖励选择板，激发学生参与活动的积极性。

设计意图

　　用音乐游戏引发学生的注意力，增强学生参与活动的积极性。

（二）双人传球

1. 分组：老师拿出分组抽奖箱，请学生排队，轮流在抽奖箱中抽取卡片，卡片颜色相同的两人为一组。

2. 游戏规则：两个学生分别在音乐响起时进行一对一传球，传球的人不能离开自己所在的圆圈。若传球失误，可由接球一方把球捡回自己的圆圈内再进行传球。音乐停止即游戏结束。

3. 开始游戏：老师负责播放音乐与数数。

4. 计分：老师在计分板上写上分数。

5. 重新抽取卡片，并请同学再次进行游戏。

进行三轮游戏后，老师拿出奖励选择板，请学生轮流选择自己喜欢的奖品。

设计意图

　　听音乐传球，学生两人一组，轮流投传接球，初步树立轮流意识。

（三）多人传球

学生围成圆圈坐好，音乐开始后，把篮球依次传给旁边的同学。当音乐停止，则停止传球，没有拿着篮球的同学得一分。

1. 计分：老师在计分板上写上分数。

2. 重新播放音乐，并请学生再次进行游戏。

3. 进行三轮游戏后，老师拿出奖励选择板，请学生轮流选择自己喜欢的奖品。

设计意图

进一步加大游戏难度，上一个活动是两个学生互相传接球，这个活动由多名学生传接球，增加轮流和等待的次数。

（四）收拾整理

1. 播放收玩具音乐，请学生帮忙把椅子、篮球放回原来的位置。

2. 与老师进行下课礼仪。

六、注意事项

1. 在进行游戏时，老师应该站在最靠近学生的地方，引导学生能等待同学传球过来。

2. 在示范的时候，老师可以邀请学生一起进行示范，帮助学生更好地理解规则。

3. 在两次奖励的时候，第一次可以先让学生选择，让学生理解这个环节的规则；第二次可以让学生多等一会儿，让其第二或第三个选择，根据当时学生的表现调整次序。

七、延伸活动

1. 在班级常规活动中，多给予学生等待、轮流的机会，等前面的同学做完或拿到东西了，才轮到学生去做，如排队洗手、排队拿水杯等活动。

2. 轮候等待的目标，渗透在日常的活动中。

活动范例二：神秘宝物在哪里

广州市康纳学校　伍瑟玑

一、课型

个训课。

二、学情分析

基本情况：美言，女，6岁，低功能孤独症。

语言理解：认知能力弱，不能正确指认常见的物品；对自己喜欢的物品能表现出明显好感；能在呈现物件时，根据自己的喜好指选物品。

语言表达：存在无意识发音，口部动作模仿成功率为20%；正确说出自己喜欢物品名称的成功率为20%；根据成人的语音模仿强化物名称的成功率为50%，其语言表达能力仍在发展中。

沟通方式与效度：社交意愿被动，沟通功能局限于提要求或拒绝（不能选择恰当的方式表达拒绝）、求助（不看眼睛而去拉手）。

轮流与等待：情绪调控能力欠佳，等待或需求未满足时容易哭闹，曾有用两指捏掐别人的行为。

三、活动目标

1. 活动结束时，主动望向老师的眼睛（10次/活动）。
2. 与成人轮流玩桌面游戏。
3. 安坐于位置上10分钟，不离开。

四、材料准备

神秘瓶子若干，神秘盒子若干，不同类型的强化物若干，波波球若干，乒乓球若干，吸管若干。

五、活动过程

（一）活动导入

1. 老师与学生唱上课歌，一边做动作（动作模仿）一边唱歌。

2. 老师与学生打招呼，学生与老师击掌（老师的双手可置于不同位置，如双手高于学生头顶、双手分别在身体两侧、双手一高一低等，学生需留意老师手的位置）。

📋 **设计意图**

用唱歌打招呼的方式引起学生对老师的关注，增强学生主动看老师及参与活动的能力。

（二）神秘瓶子

1. 老师展示瓶子，告知学生里面有很神奇的东西，有好吃的、好玩的。

2. 老师示范用波波球去砸瓶子，第一次没有砸中，瓶子没有倒，将波波球交给学生，邀请学生来帮忙砸。若学生没有砸倒，老师说"好的，轮到我再试试"，若老师没有砸中，将波波球再次交给学生，学生砸中，瓶子倒下，老师将瓶中的"宝物"取出与学生分享。（此处控制在4～5次击倒瓶子）

3. 学生在老师的口头提示下，进行轮流丢波波球砸神秘瓶子的游戏。

4. 在轮到学生的时候，故意不给波波球，引导学生主动要球砸瓶子。

5. 轮到老师时故意停顿，引导学生动作示意要继续。

📋 **设计意图**

示范教学，引起学生兴趣。在口头提示下，理解师生轮流砸瓶子的游戏规则，调动学生参与游戏活动的积极性。

（三）神秘盒子

1. 老师展示神秘纸盒（单层A4纸折叠，易吹倒），里面有神奇的东西。

2. 老师示范用嘴吹或用吸管吹、用乒乓球打倒盒子取出强化物，每一次都口头计数。

3. 老师将吸管交给学生，邀请学生帮忙打倒盒子。老师说"好的，轮到我再试试"，没有砸中，将吸管交给学生。学生砸中，盒子倒下，老师将盒中的"宝物"取出与学生分享。（此处控制在4～5次击倒盒子）

4. 学生在老师的口头提示下，进行轮流用吸管吹倒或用乒乓球打倒神秘盒子的游戏。

5. 在轮到学生的时候，故意不给吸管，引导学生主动要吸管。

6. 轮到老师时故意停顿，引导学生动作示意要继续。

📋 **设计意图**

制造老师故意出错的情境，适当等待学生主动沟通，不断提升学生的主动性。

（四）结束活动

1. 请学生帮忙收拾物品。当所有物品都归置完毕后，表扬学生是个好帮手，给予拥抱、击掌等。

2. 表扬学生今天上课时表现很棒，老师很开心，一起唱《宝贝你真棒》的手指谣，一起玩游戏，给予学生触觉等的刺激。

3. 告知学生今天的课程结束了，邀请学生一起唱下课歌。

4. 一起收拾桌椅。

 **设计意图**

及时强化学生的良好行为，增强师生的亲近感。

六、注意事项

1. 适当等待学生主动发起沟通。

2. 及时辅助，以免学生产生不耐烦情绪和挫败感。

3. 自然强化轮流活动。

4. 及时强化良好的等待行为。

七、延伸活动

泛化至生活中、小组课内其他的轮流活动。

活动范例三：多彩的手指树

广州市康纳学校 陈小欢

一、课型

小组训练课。

二、学情分析

基本情况：6名4～6岁的低功能孤独症学生。大部分孤独症学生有不同程度的感觉异常表现。他们上课时专注力持续时间短，社交意愿低，在轮流的环节容易出现各种自我刺激行为。

语言理解：对声音有反应，会转向声源，但对环境中的声音理解不足；在熟悉的情境中，能理解简单的带手势的指令，如给我、坐好；对词汇理解的数量较少，在动词方面能理解常用的动词，如给、坐下、起立、喝水等。

语言表达：暂无口语能力，能发个别单音，如"a""ma"。

沟通方式与效度：沟通意愿被动，一般以表情、手势动作、发脾气、哭闹等方式进行沟通。

轮流与等待：注意力持续时间短，在轮流的活动中容易出现被干扰的问题。A组学生课堂常规相对较好，基本有等待的意识；B组学生等待的意识弱，被干扰的较多。

三、活动目标

A组：4人小组

1. 在轮流表的提示下，在4人小组中学习等待。

2. 模仿老师进行物品的操作，如用手掌把橡皮泥搓成圆形和条状、挤颜料、用勺子搅拌等。

B组：2人小组

1. 在轮流表的提示下，在2人小组中学习等待。

2. 在动作辅助下模仿老师进行物品的操作模仿，如用手掌把橡皮泥搓成圆形和条状、挤颜料、用勺子搅拌等。

四、材料准备

橡皮泥，颜料，白纸，托盘，勺子，轮流表（见图1-5、图1-6），学生照片，强化物（零食、泡泡水、声光玩具等）。

图1-5　4人小组轮流表

图1-6　2人小组轮流表

五、活动过程

（一）课程导入

1.唱上课歌（告知学生要准备上课了）。

2.点名，点到名字的学生站起来跟老师击掌。

3.老师分组后，请A组4名学生到左边围着桌子坐下，老师A主教；B组2名学生到右边围着桌子坐下，老师B助教。A组学生和B组学生同时进行。

📋 **设计意图**

用点名的方式引出轮流的教学主题。通过学生分组，根据学生能力，老师提供适当的支持，增强学生主动参与活动的意识。

（二）做橡皮泥小树

1.老师展示橡皮泥，提问"这个是什么"，让学生仿说或主动表达"橡皮泥"。

2.告知学生活动内容——做橡皮泥小树。老师请左边A组的学生各自选择自己喜欢的颜色的橡皮泥。

3.老师示范如何用橡皮泥做小树。学生独立或在老师的辅助下使用手掌把橡皮泥揉成圆形。接着，学生使用手掌把橡皮泥搓成条状，分成两段。

4.老师展示轮流表，请学生按轮流表的次序上来把橡皮泥贴在有小树外形的纸上。学生按照轮流表，依次上台贴橡皮泥做小树。

5.老师及时表扬能耐心等待的学生。

📋 **设计意图**

考虑孤独症学生学习的视觉优势特点，运用轮流表，让学生在直观的视觉提示下理解轮流的次序，学习等待。

（三）手指画

1. 老师告知学生："我们还可以用颜料来作手指画喔！"展示手指画的成品图片。

2. 老师向学生出示并介绍所有材料，让学生选择自己喜欢的颜料。

3. 老师示范如何把颜料挤在托盘里，学生按轮流表依次挤颜料，并用勺子搅拌颜料。

4. 老师发放白纸，示范用手掌蘸颜料印在白纸上，学生模仿。

5. 老师在白纸上示范用食指点画叶子，学生模仿。

6. 老师请学生举手，依学生举手的快慢，让学生轮流向大家展示自己的作品，给予举手的学生小红花奖励，拿到小红花的学生可以兑奖，换取喜欢的零食或玩具。

> **设计意图**
>
> 　　创设自然情境，进一步提升轮流要求（按举手的先后顺序），让学生自发地参与到轮流活动中，体验轮流与等待的乐趣。

（四）总结

1. 老师简单总结本节课内容，肯定学生表现。

2. 结束课堂教学，互道再见。

六、注意事项

1. 多创造主动沟通及等待的机会，让学生可以在活动中重复练习。

2. 逐渐取消辅助，尽量让学生独立完成。

七、延伸活动

根据学生的表现，调整活动的难度和对学生课程目标的要求，如让学生在做橡皮泥小树时做些简单的配色；手指画的难度可以适当提高，增加不同颜色的树叶和水果等。

活动范例四：我会玩棋牌游戏

广州市启聪学校　郭加

一、课型

个训课。

二、学情分析

基本情况：王××，男，7岁，听觉障碍。听力损失为极重度，双耳植入人工耳蜗，重建后的听阈左耳为32分贝，右耳为40分贝，听力曲线落在香蕉图中。

语言理解：能配合手势动作听懂一些常用的短语，如"妈妈回来了""好疼"；能用身体动作表示听懂问话，如问其"小狗在哪里"，会指向小狗；能听懂并指出身体的某一部位，如问其"嘴巴在哪里"，会指嘴巴；能对指、看、摸、拿东西等指令有反应。

语言表达：能用词语进行口头表达需求，如"牛奶""喝水"等；能将两个词语合成短语进行表达，如"妈妈……没有……"；会正确使用动词来描述常见的动作，如"跑""跳"；会要求更多的东西，如"还要""多多"。

沟通方式与效度：能用词汇、短语及简单手势动作表达意愿或对他人的沟通进行回应；有主动沟通的意愿，但有时会因词汇不足无法充分与他人进行沟通而着急或放弃。

轮流与等待：有初步的轮流与等待意识，但在真实的沟通互动情境中，常会因着急而抢话或没遵守活动规则，仍需进行加强训练。

三、活动目标

1. 通过游戏了解轮流与等待的重要性。
2. 在与他人互动的过程中能使用轮流等待的技巧。
3. 能用简单语句表达，如"该你／我了""赢""输"。

四、材料准备

飞行棋，纸，笔，纸牌。

五、活动过程

（一）听指令画娃娃

1. 老师说明游戏规则。师生合作一起画一个娃娃（可以展示示范图，也可自由创作）：听到指令后画出对应的部位，画完之后对另外一人发出新的指令。

2. 指令的方式多样，可以用手指身体部位，也可以用口语表达"请你画眼睛""请你画鼻子""请你画一条长长的辫子"等。

📋 设计意图

在游戏中习得轮流与等待。

（二）飞行棋

1. 老师说明游戏规则：师生轮流掷骰子，掷到"6"才能使飞机起飞。

2. 在游戏的过程中，老师可以多说完整的句子引导学生，如"现在轮到你了""我掷到一个'4'""我的飞机炸掉了你的飞机""你的飞机到达终点了，你赢了"。

📋 设计意图

在游戏中习得轮流与等待。

（三）纸牌游戏

1. 让学生了解纸牌的内容，每个数字都有2张，可以配成对，共12张6组。

2. 把纸牌洗匀，并将纸牌反扣在桌面，每行4张，共3行。

3. 老师先随意翻起1张，说："我找到一个'×'。"再将纸牌扣回去，让学生翻。如此操作，找到一样的数字时，可以将一对纸牌取出，得1分；找错了，扣1分。以此类推。

📋 设计意图

学习并应用与游戏相关的语言。

六、注意事项

1. 在游戏中经常对学生强调轮流与等待，如"等一等，还没轮到你""现在该我了"。

2. 在游戏中老师要呈现丰富的语言，如"太好了，我可以跳两格""哎呀，真糟糕，我比你慢了"。

3. 指导学生对数字的位置进行记忆。

七、延伸活动

可让家长配合，在家进行类似的活动。

活动范例五：我会轮流与等待

广州市越秀区启智学校　林静娴

一、课型

个训课。

二、学情分析

基本情况：张×明，男，7岁，智力障碍。

语言理解：对声音有反应，会转向声源，但对环境中的声音理解不足；在熟悉的情境中，能理解简单带手势的指令，如给我、坐好；对词汇理解的量较少，能理解常用的动词，如给、坐下、起立、喝水等。

语言表达：暂无口语能力，能发个别单音，如"a""ma"。

沟通方式与效度：沟通意愿被动，一般用表情、手势动作、发脾气、哭闹等方式进行沟通。

轮流与等待：在轮流与等待方面能力较弱，未有轮流的意识，不知道轮到自己或暂停行为轮到别人。

三、活动目标

1. 能在一对一游戏中，知道轮到自己。
2. 能在一对一游戏中，知道暂停行为，轮到老师。

四、材料准备

"企鹅冰块"玩具（见图1-7），提示轮流的箭头。

图1-7　"企鹅冰块"玩具

五、活动过程

（一）炒萝卜

1. 游戏引入播放儿歌《炒萝卜》。

炒萝卜，炒萝卜，切切切；

包饺子，包饺子，捏捏捏；

弹钢琴，弹钢琴，弹弹弹；

小鸟，小鸟，叽叽叽。

2. 老师一边唱一边与学生做触觉游戏，每唱一句停顿一次。

3. 停顿时等待学生关注老师。（当学生没有关注老师时，用声音或动作吸引学生注意）

4. 在学生开始关注老师后，继续唱下一句，与学生开心互动。

📋 设计意图

> 用"炒萝卜"的触觉游戏引发学生对老师的关注，增强学生主动看老师及参与活动的能力。

（二）请你跟我这样做

1. 老师和学生面对面站好，请学生模仿老师的动作。

老师说："请你跟我这样做，拍手拍手拍拍手/跺脚跺脚跺跺脚/弯腰弯腰弯弯腰/拍肚子拍肚子拍肚子……"

2. 老师说完一句后，停下来，示意轮到学生模仿老师做一样的动作。（此处与动作模仿的活动类似，但强化点不同。模仿重在辅助学生做出跟老师相同的动作，此处学生已经能够模仿动作，但重在轮流，强化学生知道轮到自己做动作）

📋 设计意图

> 复习模仿动作的目标；在学生学会模仿后，增强其轮流做动作的意识。

（三）敲打"企鹅冰块"

老师展示"企鹅冰块"玩具，老师与学生轮流拨转盘，根据转盘图案决定冰块的颜色，用锤子敲击对应颜色的冰块。依次轮流游戏，谁让小企鹅从冰上掉下来，谁就是输家。

1. 如果学生一直要自己拨转盘，老师应先暂停游戏。

2. 老师展示箭头，并讲清规则，当箭头指向谁时，就轮到谁拨转盘。

3. 当学生能遵守轮流规则时，逐步取消箭头提示。

4. 当学生能轮流玩游戏时，老师可以故意拉长时间，鼓励学生提醒轮到老师。

5.同类型的玩具还有"海盗桶叔叔""小心恶犬""翻斗猴子"等。

📋 **设计意图**

进一步加大轮流难度，上一个活动是老师做完后就轮到学生，这个活动学生做完也要轮到老师，进行双向的轮流等待。

六、注意事项

1.应分辨学生是不会轮流与等待还是不愿。若是不会要教其轮流与等待的要点，从一对一到一对多、从单一活动到复杂活动；若是不愿轮流与等待，则需要树立常规意识，用代币制、视觉提示等建立轮流等待的规则。

2.要注意是教轮流与等待还是在用轮流与等待的方式教学。教的时候信号要明确，什么时候轮到学生，要等多久。老师准备得越充足，学生就会越快习得。

3.用轮流与等待的方式教学常见于各种课堂活动中，也要注意活动时尽量不要让学生在轮流过程中等太久。

4.口语方面的轮流与等待，可以和学生一起唱押韵诗或儿歌，留最后一个字或词让学生接唱，逐步拉长学生唱的句长。

七、延伸活动

1.轮流与等待活动可以融入班级的例行活动中，例如：

（1）课间时，排队轮流喝水、上厕所。

（2）午点的时候，轮流拿取点心。

（3）超市购物时，轮流付款。

（4）体育课时，轮流玩球，几个同学间互相传球。

（5）音乐课时，击鼓传花、轮流敲鼓等。

2.轮流与等待活动可以融入家庭的日常活动中，例如：

（1）与家人轮流叠高积木。

（2）与家人玩牌时，轮流出牌。

活动范例六：传声筒游戏

广州市番禺区培智学校 刘秀花 慕晓慧

一、课型

个训课。

二、学情分析

基本情况：潘××，男，8岁，唐氏综合征。

语言理解：能理解少量日常生活中的简单指令；能认识生活中部分常见物品，配对实物与图片；学习主动性欠缺，需要较多提醒或者有力的强化物；能使用生活中部分物品。

语言表达：在引导下能说少量单音词、双音词；对不喜欢的东西会推开表示拒绝，对喜欢的东西能用手指或拿取。

沟通方式与效度：强化物能有效促进沟通。

轮流与等待：有一来一往声音模仿的意识，缺乏等待的耐性。

三、活动目标

1. 能安静等待。
2. 明白轮流的规则，能和老师轮流发音。

四、材料准备

小鸭模型，水盆，鳄鱼玩具，大转盘，图文卡，强化物（零食、玩具汽车）。

五、活动过程

（一）暖身活动

1. 师生问好，动作模仿：起立、坐下、手放好。
2. 听儿歌模仿口腔动作和单音：张大嘴巴"aaa"，牙齿对齐"iii"。
3. 主教老师边做动作边说"请你跟我这样做"，助教老师在学生后面，边说"我就跟你这样做"边给予动作辅助。

📋 设计意图

　　课堂上需时刻关注学生的回应及情绪，给予及时的奖励（学生喜欢的零食或玩具汽车、口头与竖大拇指表扬）。

（二）轮流发音"a""i"

　　1. 主教老师示范发"a"，同时一手指自己嘴巴，一手指学生嘴巴，引导学生发"a"。

　　2. 反复几次后，主教老师发"a"，指向助教老师，助教老师发"a"，再指向学生，学生发"a"。如果学生与老师一起发音，则摇头表示不可以。

　　3. 练习几次后，取消辅助手势，主教老师发音完毕，学生发音，师生轮流发音。

　　4. 发"i"音，方法同上。

📋 设计意图

　　通过主教老师的示范，手势辅助，助教老师的提示，由易到难，便于学生掌握轮流发音的要求。

（三）鸭子游水

　　1. 老师示范往水盆里放一只小鸭模型，边说"鸭子游水，嘎嘎嘎"，边用手指小鸭，示意学生也放一只小鸭模型到水盆里，模仿说"嘎嘎嘎"。（提醒学生必须等老师的动作完成后，才能放小鸭模型）

　　2. 反复几次后，取消手势辅助，老师放一只小鸭模型，学生放一只小鸭模型。

📋 设计意图

　　逐步减少助教老师的辅助，激发学生主动参与轮流的积极性，在师生轮流的过程中，帮助学生树立等待意识。

（四）按鳄鱼牙齿

　　1. 老师示范按鳄鱼的一颗牙齿，鳄鱼嘴巴合起来，老师发出夸张的"啊啊啊"声。

　　2. 老师按鳄鱼的一颗牙齿，边说"按牙齿"，边用手指示意学生也按一颗牙齿（如果学生不会按，助教老师可以用动作辅助他完成按牙齿的动作）。

　　3. 反复几次后，取消手势动作，师生轮流，每次只按一颗牙齿，直到鳄鱼嘴巴合起来。

📋 设计意图

　　制造紧张刺激的鳄鱼咬手游戏，进一步加强学生轮流与等待的意识。

（五）玩大转盘

1. 转盘上有图卡：牙、鸭、阿姨（都是已学习的内容）。

2. 老师先说"转转盘"，再用手转转盘，转到什么，读什么；然后对学生说"你来转"，学生转转盘，转到什么，读什么。

3. 反复几次后，老师转转盘，转到什么，拿相应的图片配对。

📝 **设计意图**

> 通过发音练习、动作模仿、图片配对，学生大致明白轮流的规则，采用的方法多样，趣味性强，老师在这个环节取消手势辅助，检验学生是否真正明白。

六、注意事项

1. 在操作过程中，老师要眼明手快，发现学生提早做相关动作，要及时阻止，提醒学生必须是在老师的动作完成后，学生才能做相应的动作。

2. 活动过程中，针对学生的反应，提示可以由肢体协助到动作提示、口头提示，直到最后完全取消提示，才算学生明白轮流的规则。

3. 树立轮流意识的学习内容以学生的兴趣为出发点，以活动为主，充分激发学生参与的意愿。

4. 轮流所涉及的内容必须是学生已掌握的，重点在于让学生明白"我做完，你才能做"。

七、延伸活动

轮流与等待的学习目标可以融入班级的课间娱乐活动当中，例如：

1. 老师和学生玩、学生和学生玩鲨鱼咬手玩具、层层叠等。

2. 可以两人一组玩、三人一组玩或多人一组玩。

第二章　中级阶段沟通活动设计

第一节　表达意愿

导读

一、定义

表达意愿通常是指个人能够通过语言、语音、语调、表情、动作等反映出自己对事物所产生的看法或想法。

二、目标分解

1. 从主动性分解。

（1）能在询问下用口语或非口语表达意愿。

（2）能主动使用口语或非口语表达意愿。

2. 从表达方式分解。

（1）能使用口语表达意愿。

（2）能使用手势动作或手语表达意愿。

（3）能使用沟通辅具表达意愿。

三、训练建议

1. 操作建议。

（1）示范：观察学生兴趣所在。在其感兴趣的事物上，教学者提供口语的示范，学生模仿正确给予赞美或强化物，模仿错误或没有回应，教学者再次示范。

（2）提示：对某一事物感兴趣时，利用口语或动作提示引导学生反应。

（3）时间延缓：学生对某项事物产生注意，或者教学者给予他们学习上的刺激后，延缓给予提示的时间从而刺激学生产生自发性反应。

2. 活动建议。

（1）活动中注意观察学生的情绪以及抓住关键的时刻进行提问。

（2）营造轻松和谐的交往氛围，培养学生主动沟通的意愿。

（3）设计各种活动，创设情境，让学生有口语表达需求或情感的机会，教学生进行口语或非口语表达。

活动范例一：小嘴巴，真厉害

广州市康纳学校　温彩霞

一、课型

个训课。

二、学情分析

基本情况：朱×明（朱朱），男，7岁，孤独症。

语言理解：对声音有反应，听觉理解能力较好；能理解简单具体的指令，例如坐端正、请安静、拿代币等；能理解日常的名词，动词方面能理解常用的动词，如拿、给、坐等；对问句理解的量较少，只能理解正反式问句，如有没有、是不是；对抽象词汇理解能力差。

语言表达：能在提示下用单词或双词表达意愿；偶尔遇到挫折时会用哭闹的方式表达；未能用三词句子表达意愿。

沟通方式与效度：沟通意愿较弱，能使用表情、手势动作、发脾气、哭闹等方式进行沟通。

表达意愿：在表达意愿方面欠缺，有初步表达意愿的意识，不知道如何正确使用三词句子表达意愿。

三、活动目标

1. 在一对一游戏中，能用"我要×××"的简单句进行表达。
2. 在一对一游戏中，能用"到我了"的简单句进行表达。

四、材料准备

彩笔，橡皮擦，画有图案的画纸，代币，强化物。

五、活动过程

（一）预告课程名称为《语言训练》及课堂的四个流程

1. 蚂蚁上树小游戏；
2. 涂色游戏；
3. 切水果游戏；
4. 兑奖时间。

展示结构化提示板，每完成一步画"√"。

📓 **设计意图**

课程结构化以及预知流程建立学生程序性思维，强调课堂常规，有利于课堂活动的顺利进行。

（二）蚂蚁上树小游戏

1. 游戏导入。

蚂蚁上树，蚂蚁上树，

爬哪里爬哪里，

爬到朱朱的头上去，

爬到朱朱的手上去，

爬到朱朱的……

爬到朱朱的……

2. 老师与学生面对面坐着，提问："朱朱，想不想玩蚂蚁上树的游戏？"等待学生回答后开始游戏。

3. 引导学生自己念歌谣，老师在学生想要的部位进行相应的动作刺激。若学生停止表达，老师则停止动作，直到学生继续念歌谣，老师再继续动作。

4. 根据学生的表现奖励代币。

📓 **设计意图**

通过学生喜欢的丰富多样的触觉游戏，引导学生主动开口表达，并营造师生愉快的课堂互动氛围。

（三）我来涂一涂

1. 老师强调课堂秩序（坐好、安静、看老师），点名，学生举手答。

2. 老师展示画有图案的画纸说："这一节课我们来玩涂色练习，需要什么？"然后展示彩笔，示范说出"我要彩笔"。

3. 教学：

（1）老师坐在学生的前面，将一张画有图案的画纸放在桌上，并问："你需要什么来涂色？"

（2）等待学生反应，时间延迟3秒钟。

（3）学生回答："笔"/"彩笔"/"我要彩笔"。

（4）学生回答后，老师点头并亲切微笑，同时将彩笔给学生。

（5）指导学生双手接笔，并说"谢谢"。

4. 延伸：引导学生在不同位置涂色时，需要不同颜色的笔进行表达。

5. 根据学生的表现奖励代币。

设计意图

利用涂色游戏激发学生的学习动机，以趣味性吸引学生注意，在活动中引导学生表达"我要××""谢谢""红色"等。

（四）垃圾分类我能行

1. 老师展示平板电脑，说明："现在我们来玩'垃圾分类我能行'小游戏，你想不想玩呢？"等待学生回答。然后说明游戏规则：老师和学生两人轮流玩，每放完3个垃圾就结束一次，换另一人。

2. 教学：

（1）老师展示平板电脑，引导学生点击游戏图标并表达"我要打开"。

（2）师生开始轮流玩垃圾分类的小游戏。在游戏中，老师及时让学生表达"到我了"，老师要注意各种辅助方式，使学生能主动地表达意愿。

3. 根据学生的表现奖励代币。

设计意图

在游戏中开展教学，利用学生对平板电脑的兴趣，引导学生自主表达沟通意愿。

（五）兑奖时间

1. 老师展示强化物（零食），请学生拿出代币，三个代币换一个零食，并且正确说出"老师，我要奖励"，表达想要吃的意愿，就可以获得零食。

2. 老师按照学生的代币数量，奖励学生相应数量的零食。

3. 课堂小结：引导学生一起小结，最后师生道别。

设计意图

利用强化物，随时给予学生练习的机会。

六、注意事项

1. 课程结构化以及预知流程帮助学生建立程序性思维，并创设良好愉悦的课堂氛围，有利于课堂教学的高效开展。

2. 利用学生的兴趣，诱发其强烈的动机，提高学生的专注力和参与度。

3. 在教学过程中，应该加入更多的趣味性活动，开拓更多的课程资源。

4. 恰当使用不同的辅助方式。如可根据学生的行为，灵活使用由弱至强或由强至弱的辅助方式。

5. 要对学生的正确行为及时给予反馈。

七、延伸活动

表达意愿的活动可以融入学生班级和家庭、社区等的日常活动中，任何学生有需求的时候，都可以让他通过言语主动表达意愿后，再给予满足。

活动范例二：我会许愿望

广州市白云区云翔学校　刘泽慧

一、课型

小组训练课。

二、学情分析

基本情况：李×林（林林），男，9岁，孤独症；陈×楠（楠楠），男，9岁，孤独症。

语言理解：林林听到声音会看向声源，但注意力差，极易被课堂外的声音影响；能理解简单具体的指令，例如坐端正、请安静等；能理解简单的具象词汇，对抽象词汇理解能力较差。

楠楠对声音有反应，但比较迟钝，需要反复提示或较长的反应时间；能理解常见情境中的带手势的指令，例如坐端正、坐下等；能理解简单的具象词汇，对抽象词汇理解能力差。

语言表达：林林能发出大部分音，可以使用简单的词语和两三个词语组成的短句。当句子过长时，会出现某些词音不准或遗漏的现象。

楠楠能发出大部分音，但是气息较弱，声音较为含糊，可以使用简单的单字，例如"要""好"等进行表达。

沟通方式与效度：林林能使用简单的词句，但日常生活中多用手势动作与他人沟通，具有强烈的沟通意愿或沟通动机，会主动与老师互动以吸引老师的注意或表达自己的需求，如经常用触碰的方式吸引老师的注意，用手指着某物或拿某物给老师看来表达需求或吸引注意。在与老师的沟通中，会用非常简单的词汇回应老师。在与同伴的交往中，多为肢体互动，比如一起拉手玩游戏等。当出现沟通不良的情况时，林林会着急并坚持进行手势动作；当发现未获得老师或同伴的注意时，就会将注意力转移到其他地方。

楠楠多用表情和手势动作传递讯息，沟通意愿不是很强，沟通的动机也不强，多为被动式沟通。在与老师的沟通中，会使用点头或摇头以及"要""不要"来回应老师。在与同伴的交往中，多为肢体的互动。当出现沟通不良的情况时，楠楠不会继续沟通，而是将注意力转移到别处。

表达意愿：林林在熟悉的情境中，沟通意愿较强，能通过简单的词语或句子表达自己的意愿。但通过言语表达意愿的时候较少，大部分时间是通过表情、动作或哭闹的方式来表达意愿。

楠楠表达的意愿不强，在日常生活中一般是在老师或家长询问后才进行表达，其表达意愿的方式一般是手势动作或表情。

三、活动目标

1. 能用"我想要……"，表达要某样东西。（林林）
2. 能用"要……"，表达要某样东西。（楠楠）

四、准备材料

阿拉丁神灯故事动画视频，零食（如小熊饼干、小馒头饼干、奶片），玩具（如小汽车、积木、乒乓球），带盖的小盒子，图卡，神灯模型。

五、活动过程

（一）阿拉丁神灯故事导入

播放阿拉丁神灯故事相关动画视频。

📋 **设计意图**

通过动画引起学生的注意和调动学生的积极性，创设阿拉丁神灯帮助实现愿望的故事情境。

（二）我向"灯神"许愿望

1. 将学生喜欢的零食、玩具放在小盒子里，在盒子外面贴上图片，给学生一个"神灯"，老师扮演灯神。

2. 直接教学：表达想要某样东西的意愿说"我想要……"或"要……"（跟读、个别读）。

学生必须摸三下"神灯"，林林说出"我想要……"，楠楠说出"要……"后，老师才将学生想要的东西给他们。

📋 **设计意图**

利用学生喜欢的食物或物品，调动学生参与的积极性。

（三）灯神的生日愿望

1. 灯神要生日了，灯神说出自己的生日愿望"我想要一个蛋糕和一架玩具飞机"，学生帮助灯神实现愿望，在教室中设置虚拟商店，到商店买蛋糕和玩具飞机。

对商店售货员（老师扮演）说"我想要蛋糕"或"要飞机"。允许学生再买一件物品，等林林说出"我想要……"、楠楠说出"要……"并模拟付款后，才将学生想要的东西给他们。

2. 请学生许下自己的生日愿望。

林林："我想要……"

楠楠："要……"

设计意图

通过帮助灯神的情境，唤醒学生的表达动机。

六、注意事项

1. 一定要学生说出"要"这个字才能满足学生的要求。

2. 为避免学生哭闹，强化灯神的神圣形象，提前讲好规则。

3. 要分辨学生是不会表达意愿还是不愿表达。如果是不会表达，就教学生如何表达；如果是不愿表达，就设计学生喜欢的活动引起学生表达的意愿。

七、延伸活动

表达意愿的活动可以融入学生班级和家庭日常活动中，任何学生有需求的时候，都可以让学生通过言语主动表达意愿后，再给予满足。

活动范例三：我会主动表达

广州市康纳学校　曾碧兰

一、课型

个训课。

二、学情分析

基本情况：莫×维（莫莫），男，13岁，孤独症。

语言理解：对呼唤名字有反应，但反应较慢；在熟悉的情境中，能理解两步指令（先把笔放好，然后坐好）；对情绪词汇理解的量较少，能理解"开心""不开心""害怕"，未能理解"难过""伤心""焦虑"。

语言表达：沟通意愿被动，能使用表情、手势动作、简单的短语等方式进行沟通；表达意愿较弱，有特殊需求的情况下会主动简单表达。

沟通方式与效度：沟通意愿被动，能使用简单的短语、表情、手势动作等方式进行沟通。

表达意愿：在一对一的游戏中，在被询问后能表达自己的意愿，但未能泛化到日常生活中，表达意愿较弱。

三、活动目标

1. 能在一对一游戏中，知道轮到自己，并要求老师给出物件。
2. 能在一对一游戏中，知道用语言告诉老师自己害怕。

四、材料准备

飞行棋，大骰子，情绪图，气球，硬纸板，双面胶，强化物。

五、活动过程

（一）跳跳操

1. 游戏引入：在地面画好大方格，呈现大骰子，老师示范扔骰子，扔到几，就跳几格。
2. 老师询问学生，是否想玩，如果想玩，请用句子"老师，我想玩"进行表达，老师才让学生玩。
3. 学生玩后，老师给予鼓励，并和学生说"莫莫，老师想玩"，让学生把骰子给老师。
4. 以上环节重复3轮。

> **📋 设计意图**
>
> 用"跳跳操"的游戏引发学生对老师的关注，增强学生主动看老师及参与活动的能力，引发学生主动参与、主动表达的意愿。

（二）彩色气球

1. 老师和学生面对面坐好，老师展示未吹起的各种颜色气球以及一块树形硬纸板。老师说："我们一起来用气球装饰树吧。"老师示范粘黄色气球。轮到莫莫，在老师的提示下，他表达想要粘×色气球。

2. 老师拿出打气筒，说："我们给×色气球打点气，再粘在树上吧。"学生会用手抓住老师的手进行阻止，老师引导学生表达"我害怕，不要给气球打气"。（此处老师换别的颜色气球假装打气，让学生无须辅助也能独立表达自己的意愿，强化学生主动表达的意愿）

> **📋 设计意图**
>
> 创设真实情境，让学生体会当下的感受，并通过语言表达自己的意愿——拒绝。

（三）飞行棋

老师展示飞行棋，与学生轮流扔骰子，根据飞行图的提示进行游戏，如果提示需要抽取情绪图，就抽取情绪图并辨别情绪图。老师控制骰子和情绪图。谁先到达终点，谁就可以奖励强化物。

1. 飞行棋里除了骰子，还有冰激凌、汉堡、薯条等小玩具，让学生选择喜欢的东西作为飞行物并表达出来。

2. 老师扔完骰子，故意不主动给学生骰子，让他自己提要回骰子的要求。

3. 在玩的过程中，当需要情绪图时，学生会主动提醒老师需要抽取情绪图。

4. 到达终点时，学生会主动要求奖励。

> **📋 设计意图**
>
> 在轮流的基础上，进一步加大表达意愿的次数和难度，让目标更自然地实现。

六、注意事项

学生害怕的情境容易让他有表达的动机，但也容易引发学生的负面情绪以及过激行为。老师在设计活动时要注意度的把握，重点在于引导学生主动表达的意愿。

七、延伸活动

表达意愿活动可以融入日常的学习生活中：

1. 课间阅读时，遇到不认识的字，会主动向他人求助。

2. 超市购物时，遇到商品不知道在哪儿，会主动询问工作人员。

活动范例四：我口说我心

广州市康纳学校　车小静

一、课型

个训课。

二、学情分析

基本情况：陈×宇，男，5岁，孤独症。

语言理解：能对声音有反应；能理解部分常见物品的名称，如纸巾、书等；能理解大部分环境性指令，如扔垃圾、去玩等；能理解少量颜色的名称；能理解少量"动词+名词"的短语，如擦桌子、拍衣服等。

语言表达：学生有少量口语表达，但发音不清晰；能说出少量常见的物品名称，如牙膏、毛巾等；能在提示下说出部分动作活动，如拍球、抱娃娃；能表达少量颜色的名称，但经常会与物件名称混淆。

沟通方式与效度：沟通意愿被动，能使用表情、手势动作、发脾气、哭闹等方式进行沟通。

表达意愿：学生表达意愿较为被动，对自己喜欢的物品或活动，第一反应是用手指而非语言表达。

三、活动目标

在一对一的游戏中，能主动用物品名称或活动名称来表达自己想要的意愿。

四、材料准备

学生喜欢的物品，如糖果、薯片、泡泡水、汽车等。

五、活动过程

（一）抓尾巴

1. 游戏导入：用红色的布粘在学生屁股后面，老师追赶学生，当老师用手抓住学生的"尾巴"时，游戏结束。

2. 当学生的眼睛看老师时，老师说"开始"。

3. 当学生说"抓尾巴"时（若学生不能主动说，老师可提供示范），可以再玩一次游戏。

📋 设计意图

营造学生喜爱的课堂氛围，利用学生喜欢的游戏做自然强化物，引发学生的表达意愿。

（二）阶段一：结构化环境中的意愿表达

一对一的结构化环境中，老师手中拿着学生喜欢的零食或玩具，等待学生说出物品的名称，当学生说出时，马上给学生，并给予正面回应。

活动举例：

1. 老师手中拿着学生喜欢吃的糖，学生坐在对面，老师等待学生说出"糖"后，马上给予学生糖，同时给予正面回应："好棒，你有说'糖'哦。"（其间，若学生用手指指则不给回应，不给出任何提示）

2. 老师给学生吹泡泡，吹了一次停下，等待学生自己说"泡泡"，若学生说出，则回应："厉害，你有说哦，泡泡来了。"

📋 设计意图

运用学生喜欢的东西作为强化物，以提高学生主动用语言表达的意愿，让学生感受语言的力量。在结构化环境中，减少其他干扰，提高学生主动发声的次数。

（三）阶段二：半结构化环境中的意愿表达

一对一的半结构化环境中，老师与学生拉开距离，老师手中拿着学生喜欢的零食或玩具，当学生能够说出物品名称时，马上给学生，并给予正面回应。

活动举例：

1. 学生与老师相距5米，老师假装吃薯片，目光不看向学生，等待学生自己走过来，并说出"薯片"时，老师给予学生薯片及正面回应。

2. 在玩扔飞碟的游戏中，学生将飞碟扔出去，老师拿起，站在原地不动等待学生过来说"飞碟"，学生说后，老师给予学生飞碟及正面回应。

📋 设计意图

进一步对学生主动表达意愿进行环境的泛化。

（四）阶段三：自然环境中的意愿表达

一对一的自然环境中，当学生看见老师在玩学生喜欢的活动、有学生喜欢的玩具或零食时，会主动表达想要的意愿。

活动举例：

1. 学生坐在课室中，老师推门进来，一边走一边拿着一大包薯片放在桌上，然后假装忙其他事情，如果学生能自己说出"薯片"，老师回应"你有说薯片"，并给予学生薯片。

2. 老师跟学生一起玩玩具汽车，玩的过程中，汽车坏了，老师告诉学生自己要去换一辆新的，老师拿着新的汽车回到课室后，开始假装看书，如果学生能说出"汽车"，老师回应学生"对哦，要给你汽车啊"，然后师生继续玩。

设计意图

教学情境更加贴近日常生活，提高学生在日常生活中表达意愿的主动性。

六、注意事项

1. 等待学生自己表达，要有足够耐心。

2. 训练之前，确保学生已有一定的学习行为，如安坐、会留心看、能够等待，并且具备一定程度的发音能力。

七、延伸活动

1. 在家创造机会，如吃饭时不给学生勺子，等待学生主动表达要勺子的意愿。

2. 当学生已经能够用名词熟练表达时，可以加入其他的表达句式，如动词、人物名称等。

3. 在学生能力范围内，辨别何时用指、何时用说来表达。

活动范例五：我会这样"说"

广州市康纳学校　伍瑟玑

一、课型

个训课。

二、学情分析

基本情况：叶×言，女，6岁，孤独症。

语言理解：能完成物品与图片的配对；明确自己对物品的喜好；在特定情境下能够明白物品的功能，如徒手撕不开包装袋时会要剪刀。

语言表达：无口语表达能力；能熟练使用手指指示、拉衣服等方式表达需求或求助；能用"拍胸（代表我）并指向物品"的方式表达个人需求，但不熟练；表达拒绝时，会离开、远离或背向成人，未学会以手势动作表达拒绝。

沟通方式与效度：与熟悉的老师可以进行短暂的对视；具有一定的要求、拒绝、求助、回应问题的沟通能力；沟通意愿被动，但有需求时会与成人主动互动；沟通渠道以手势动作及图片交换沟通系统为主，沟通效度尚可。

表达意愿：能用手指、拉衣服或者图片交换等沟通方式进行需求表达。

三、活动目标

1. 在个训课上，当呈现物品的实物时，学生能以"拍胸并指向物品"的方式表达"我要……"的需求。

2. 在个训课上，当呈现物品的实物时，老师询问"要不要"，学生能用摆手表示拒绝。

四、准备材料

食物类，玩具类强化物，学生不喜欢的物品，神秘袋，沟通册。

五、活动过程

（一）活动导入

1. 老师请学生就座，告知其要上课了。

2. 老师和学生一起唱上课歌，学生跟随老师做身体动作模仿。

📋 **设计意图**

学生养成良好的课堂常规，即安坐行为的维持；学生跟随老师，维持师生之间的良性互动。

（二）活动过程

1. 老师拿出装满强化物的神秘袋，摇晃发出声响，吸引学生的注意，引发沟通动机，诱发学生主动表达。

2. 老师告知学生神秘袋里有很多好吃的和好玩的，但是不知道学生喜不喜欢、要不要，需要学生自己告诉老师其需求。老师示范如何表达需求，用"拍胸并指向物品"的动作表达"我要……"，学生进行动作模仿。

3. 老师告知学生："那我们的寻宝活动开始喽！"老师开始摸出神秘袋中的物品。

4. 学生看到拿出的物品是自己喜欢的强化物，在老师的辅助下完成"拍胸并指向物品"的动作表达"我要……"的需求全过程，老师立即回应："哦，你要这个呀！好的，给你！"然后给予实物，促进学生的社会性发展。

5. 老师逐渐取消辅助，学生自行使用以"拍胸并指向物品"的动作表达"老师，我要……"的需求。

6. 老师拿出另一个装着学生不喜欢物品的神秘袋，从袋中摸出物品，问学生要不要。

7. 老师辅助学生从摆手表示拒绝到示范摆手，让学生模仿，再到示范扬起手掌的方式取消提示，学生逐渐独立使用摆手表示拒绝。

8. 老师交替在两个不同的神秘袋中拿出物品，学生独立使用"拍胸并指向物品""摆手"的方式表达需求。

📋 **设计意图**

1. 在活动开始时使用发声的神秘袋吸引学生的主动关注，引发沟通动机，诱发学生主动表达。

2. 当学生的动机被激发后，通过示范让学生清楚在活动中应该使用何种沟通方式进行需求的表达。

3. 在实操的过程中给予学生多次练习的机会以熟练技能，同时教师选用零错误教学法与提示教学法，逐渐塑造学生的主动沟通行为。

（三）结束活动

1. 老师告知学生"今天我们的课结束了"，并回顾课堂教学内容，再根据学生的表现给予点评，及时强化学生的良好表现。

2. 唱下课歌，互道再见。

 **设计意图**

通过回顾学习内容与学生的课堂表现，及时强化学生良好的课堂行为。

六、注意事项

1. 采用零错误教学法，提升学生参与的自信心。

2. 采用不同等级的辅助提示法，注意有计划地逐步取消辅助，提升学生的主动性。

3. 适当延宕辅助，等待学生的主动表达。

4. 根据学生的意愿引导其采用合适的表达方式。

5. 不可选用使学生产生强烈恐惧、厌恶的物品，以免学生产生负向情绪，影响课堂体验。

七、延伸活动

1. 加强注视与眼神交流：在个训课上，当呈现物品的实物时，学生能以"望向老师""拍胸并指向物品"的动作表达"老师，我要……"的需求。经过训练后，学生可以完全学会。

2. 泛化到不同的场景，如集体教学中。

3. 加入游戏项目的练习。

活动范例六：我会点餐

广州市天河区启慧学校 张燕

一、课型

个训课。

二、学情分析

基本情况：伍×珍（珍珍），女，10岁，普瑞德-威利氏症候群。

语言理解：能听懂常用的名词、动词；能听懂一步指令；能结合生活情境理解较复杂的两步指令。

语言表达：无口语，会说"妈妈"，会发一些无意义音节。

沟通方式与效度：以表情和动作表达自己的需求；会回答简单的问句，偶尔用点头、摇头回应；无口语，沟通效度较差，只有熟悉的照顾者或者接触较多的老师能理解其意思。

表达意愿：以表情或动作表达自己的意愿，如点头、摇头或手势动作表达自己的意愿。

三、活动目标

能在个训中借助"啾啾语音点读板"用"我要……"来表达需求。

四、准备材料

沟通辅具"啾啾语音点读板"（见图2-1），学生强化物（面包，牛奶等）。

图 2-1 沟通辅具"啾啾语音点读板"

五、活动过程

（一）炒萝卜

《炒萝卜》

炒萝卜，炒萝卜，切切切；

包饺子，包饺子，捏捏捏；

弹钢琴，弹钢琴，弹弹弹；

小鸟，小鸟，叽叽叽。

1. 老师一边唱一边与学生做游戏，每唱一句停顿一次。

2. 停顿时询问学生要不要切切切、捏捏捏、弹弹弹、叽叽叽。

3. 如果学生不懂怎么表达自己的意愿，老师可以引导学生使用点头、摇头、手势动作或者表情来表达自己的意愿。

4. 如果学生只会其中一种方式，老师可以引导学生学习用其他方式表达自己的意愿。

📋 **设计意图**

> 用"炒萝卜"的触觉游戏引发学生与老师互动，引导学生以点头、摇头、手势动作或者表情表达自己的意愿。

（二）点餐游戏

1. 老师拿出面包，学生能用沟通辅具表达自己"吃面包"的需求。

（1）桌面上先放一张"吃面包"的图片，让学生拿"吃面包"的图片交换老师手中的面包。

（2）如果学生可以完成第一步，给学生逐步增加不相关的图片，观察学生是否每次都可以找出"吃面包"的图片与老师进行交换。（当学生可以从5张图片中选取指定图片后即进入第三步教学）

（3）如果学生可以完成第二步，老师展示沟通板，教导学生在沟通板上点"吃面包"的图片，表达需求。

（4）学生能独立在沟通板上点出"吃面包"5次以上，老师教导学生用"我+要+吃面包"表达需求。

2. 老师拿出牛奶，学生能用沟通辅具表达自己喝牛奶的需求。重复上述四步教学步骤。

3. 老师拿出学生喜欢的一种水果，学生能用沟通辅具表达自己吃水果的需求。重复上述四步教学步骤。

4. 老师同时呈现学生喜欢的面包、牛奶和水果，请学生根据自己的需求点餐。

📋 **设计意图**

> 让学生借助"啾啾语音点读板"用"我要……"来表达需求。

（三）活动总结

老师总结："今天珍珍表现很棒，学会了使用'啾啾语音点读板'表达自己吃食物的需求，中午吃午点的时候就可以使用'啾啾语音点读板'点餐了。"

六、注意事项

1. 要等待学生的回应。

2. 要强化学生的回应，让学生感受到自己的表达被及时回应。

3. 应用图片交换沟通系统中的教学方法让学生学习图片代表的意思，并将这种方法应用在沟通辅具的学习中。这种方法对于沟通意愿不是很强、需要使用沟通辅具表达基本需求的学生，是一种行之有效的教学方法。

4. 需要学生具备一定的认知能力，对图片比较感兴趣，并能做简单的区分，而且需要学生具备一定的精细动作的能力，能精确地点读沟通辅具。

七、延伸活动

表达需求活动可以融入班级的例行性活动中，如课间，用沟通板表达上厕所、玩玩具的意愿；午点的时候，用沟通板表达自己想吃哪些东西的意愿。

第二节　拒绝

导读

一、定义

拒绝是一种权利，更是一种主动的选择，表示不答应、不同意，是明确表达不愿意或不愿意做。

二、目标分解

1. 能用声音表示拒绝。
2. 能用肢体动作表示拒绝。
3. 能用语言表示拒绝。
4. 能用2种或2种以上的方式表示拒绝。

三、训练建议

1. 操作方面。

（1）从学生不喜欢的物品或活动入手操作，但在操作过程中，注意把握活动的方式，尽量避免引发学生的情绪行为问题。

（2）在教学初始，可让助教老师示范或视频示范，让学生看到因果关系。

2. 活动方面。

（1）了解学生常用的表达方式，是非语言还是语言。

（2）加强功能化、具体化、生活化的教学。孤独症学生一般存在学习机械化和学习与类化上困难的问题，在教学时应选择配合情境的话题，让教学效果落实于日常生活中。

（3）避免一成不变的学习过程，应因时制宜地抓住机会开展教育，否则容易造成学生只在特定情境中才知道拒绝，或者只会一味拒绝。

（4）选择的活动，整体上是学生愿意配合或参与的，可穿插学生不喜欢的物品或活动。例如活动结束后的奖励环节，呈现几个学生不喜欢的奖品，或在分段活动中提供几个学生不喜欢的活动。

活动范例一：摆摆手就不要

广州市越秀区启智学校　康慧卿

一、课型

个训课。

二、学情分析

基本情况：谈×峰，男，7岁，智力障碍。

语言理解：能对自己的名字有反应；能理解环境中的声音；在手势动作的暗示下可遵循简单指令，在熟悉环境下可听懂简单指令；能指认少部分常见物品、身体部位；能理解部分常见物品功能；能理解简单句子，但未能理解选择疑问句。

语言表达：无口语，习惯使用动作（手指或拉人）、哭闹或自己拿取的方式，缺乏沟通的意图，互动能力不佳。

沟通方式与效度：沟通意愿被动，能使用表情、手势动作、发脾气、哭闹等方式进行沟通；沟通效度不佳，只有熟悉的照顾者才能理解。

表达拒绝：对于不喜欢的事物，不会使用合理的拒绝方式，只会用发脾气、躺地上打滚或打人的方式进行表达。

三、活动目标

1. 能理解摆手表示拒绝。
2. 能使用摆手表示拒绝。

四、材料准备

饼干，玩具，图片，玩偶，水果模型。

五、活动过程

（一）互动引入

1. 师生问好，课程预告。

2. 跟着儿歌《伊比呀呀》，老师和学生面对面手拉手唱歌，让学生跟随老师一起做一些摆手、摇头的动作。

设计意图

通过与学生玩互动游戏，吸引学生的注意，激发学生学习的积极性。同时为接下来一些动作的教学，如摆手、摇头等，提前铺垫，也可以让老师进行前测，了解学生是否具有做这些动作的能力。

（二）教学活动

1. 认识拒绝的方法。

（1）情景表演。

老师拿饼干递给助教，助教老师摆手并说"不要"。

老师展示表示不喜欢的图片说："当你不喜欢、不想要的时候，可以摆手拒绝。"

老师又拿玩具给助教，助教老师还是摆手拒绝。

老师展示表示不喜欢的图片说："当我们遇到不喜欢的东西时，可以摆手表示拒绝。"

设计意图

通过助教老师的多次示范，给予学生直观的感受，通过观察他人的行为，让学生明白正确的拒绝方式；老师再通过图片给予视觉刺激，加深学生记忆。

（2）游戏活动。

名称：猜猜我吃什么。

规则：老师展示各种玩偶和水果模型，请学生帮忙拿给小动物。如果是小动物喜欢的，就说"谢谢"，然后收下；如果是小动物不喜欢的，就摆手说"不要"。若拿对了，小动物就赠送他红花表示感谢。

学生逐一拿起玩偶或水果递给老师扮演的小动物，老师会做摆手或点头的动作表示拒绝或接受。

学生反复进行练习。

设计意图

创设情境，运用游戏的方式，使学生拥有体验式的、循序渐进的学习过程。从别人到自己，帮助学生进一步认识到"摆手"表示拒绝，为后面学习用简单的肢体、手势动作表达拒绝打好基础。

2. 表达训练。

（1）老师拿学生不喜欢吃的糖递给学生，助教老师辅助学生摆手表示拒绝。

（2）老师拿学生喜欢吃的饼干给学生，助教老师辅助学生伸手表示接受。

（3）老师拿学生不喜欢吃的水果给学生，助教老师辅助学生摆手表示拒绝。

（4）老师拿学生喜欢吃的果冻给学生，助教老师辅助学生伸手表示接受。

（5）老师拿学生不喜欢喝的饮品给学生，学生摆手表示拒绝。

（6）老师拿学生喜欢喝的牛奶给学生，学生伸手表示接受。

（7）随机展示各种小玩具，让学生通过反复练习表达接受或拒绝。观察学生是否会主动摆手表示拒绝，如果不会，老师应及时辅助。

设计意图

> 通过学生喜欢的物品和不喜欢的物品进行对比训练，强化他对拒绝的正确表达方式，借强化激励的情境再次复习巩固拒绝的表达。

（三）总结

1. 总结本节课的学习内容：老师展示表示拒绝的图片，告诉学生当遇到不喜欢、不愿意的时候，可以摆手表示拒绝。

2. 点评学生本节课的表现，进行奖励。

六、注意事项

1. 助教老师要随时观察学生的表现，当学生未能做出拒绝的动作时，要及时给予辅助。

2. 选择学生不喜欢的物品时，要注意选择不会引起学生不良情绪的物品，以免造成情绪问题。

3. 在学生选择时，必须把接受也加进去，以防学生过度使用摆手拒绝，形成定式。

4. 根据先理解再表达的规律，通过他人示范、自身体验的方法让学生掌握拒绝的表达方式。

5. 本节课通过游戏的方式让学生理解和接受别人拒绝的方式，减少挫败感，同时通过对正向和反向强化物的使用，让学生更好地感受拒绝的意义，为其进行主动表达拒绝奠定基础。

七、延伸活动

1. 在日常生活中，要多创造锻炼学生表达拒绝的机会。

2. 根据学生的喜好，让学生学习表达自己真实的意愿，学会用更多的方式（如摇头）和表情来表达拒绝。

3. 创设情境，与学生一起玩角色扮演游戏。在游戏的互动中，教学生用简单的肢体、手势动作，或者提供沟通板让学生操作，来学习表达拒绝。

活动范例二：摇头作用大

广州康复实验学校　阮景颜

一、课型

个训课。

二、学情分析

基本情况：罗×俊（俊俊），男，6岁，多重障碍。

语言理解：能听从简单的指令，如给、走、站起来、拍手等，模仿能力尚可；认识日常用品及了解其用途。

语言表达：暂无口语能力，能发个别单音，如"a""ma"。

沟通方式与效度：沟通意愿被动，能使用表情、手势动作、发脾气、哭闹等方式进行沟通。

表达拒绝：在表达拒绝方面，常使用尖叫、咬人、推人等不恰当的方式。

三、活动目标

课堂上，在老师的指令下，学生可以用摇头的方式表达拒绝，准确率达50%。

四、材料准备

学生喜欢的食物及玩具（球、音乐盒等），学生不喜欢的食物及玩具（拼图、布娃娃等）。

五、活动过程

（一）引入

自编律动歌曲"点头我要，摇头我不要；点头我要，摆手我不要；点头我要，两手交叉我不要"。老师边唱歌边做动作，引导学生模仿。

📒 设计意图

> 通过律动歌曲，引起学生的注意，激发其学习的积极性。

（二）主要活动

1. 老师拿出学生喜欢的玩具（球、音乐盒等）以及不喜欢的玩具（拼图、布娃娃等），告知学生可以选择玩具玩，每选一次可以玩2分钟。

2. 老师拿出球，问学生："俊俊，要不要玩球？"学生会伸手，老师边点头边说"要"，并引导学生模仿点头动作，之后把球给他，并告知他可以玩2分钟。

3. 2分钟后，老师收回球，出示拼图，说："俊俊，我们玩拼图，好吗？"学生通常会大叫，这时老师马上说："哦，俊俊不要玩拼图。"同时做摇头的动作，并马上收起拼图。

4. 老师拿出音乐盒，过程同2。

5. 老师拿出布娃娃，过程同3。

6. 老师随机拿出以上4种玩具，边示范动作边说"要"或"不要"，助教老师辅助学生点头或摇头，并逐渐减少辅助的次数，使其能在模仿和提示下用摇头表示"不要"。

设计意图

> 创设情境，利用对比学习，让学生建立正确表达拒绝的意识，并能用简单的身体语言表达拒绝。

（三）课堂小结，强化训练

老师拿出两种食物：葡萄干（喜欢）和海苔（不喜欢），同上面过程，引导学生用点头或摇头表示要或不要。

设计意图

> 借强化激励再次巩固拒绝的正确表达方式。

六、注意事项

1. 选择玩具或食物：要先了解学生的喜好，并要选择对比较大的、学生较强烈想要或不要的玩具或食物。否则有时学生没有反应，判断不出其意图，就很难进行接受或拒绝的表达训练。

2. 展示学生不喜欢的物品，学生出现不恰当的表达方式时，要及时控制，并协助其用正确的方式表达。

3. 在课堂上应预判学生的反应，在还没有出现不恰当的表达时，就协助其做正确的表达方式。

4. 把训练融入日常生活中更加重要。

七、延伸活动

1. 除摇头表示拒绝外，还可通过摆手、双手交叉等方式表达。

2. 在其他课堂上，如PT（物理训练）、OT（作业训练）课上，对一些学生不喜欢做的动作，可以用正确的表达拒绝的方式，而不是用咬人、推人等不恰当的方式。

3. 在日常生活中，让学生随时有表达接受或拒绝的锻炼机会。

活动范例三：我会表达拒绝

广州市海珠区启能学校　白露莹

一、课型

个训课。

二、学情分析

基本情况：骆×怡，女，11岁，脑瘫伴随智力障碍。

语言理解：对自己的名字有反应；能理解环境中的声音；对熟悉的音乐有反应；在手势动作暗示下可遵守简单指令；在熟悉环境下可听懂简单指令；可指认常见物品、身体部位，但是量较少；可理解常见物品功能，可响应简单疑问句。

语言表达：可自己发出少量象声词，"baba""mama""ye"等；愿意模仿发音，但只能发出极少量语音；具备表达需求、社交互动的沟通功能，有主动沟通的意愿，互动能力良好。

沟通方式与效度：习惯使用动作（手指和拉人）或自己拿取的沟通方式，但是沟通效度不佳，只有熟悉的照顾者才能理解。

表达拒绝：有辨识个人喜好的意识和能力，能模仿运用简单的肢体、手势动作表达意愿，能理解老师所说的选择疑问句并予以回应。

三、活动目标

1. 会用简单的肢体动作，如摇头、摆手，来表达拒绝。
2. 会通过操作图卡沟通系统或语音沟通板来表达拒绝。

四、准备材料

小零食，玩具，图卡沟通系统，语音沟通板。

五、活动过程

（一）互动引入

1. 老师向学生招手问好，让其模仿老师的动作，向老师招手问好。
2. 老师与学生玩互动游戏：让学生跟着音乐的节奏模仿老师做动作——点点头、拍拍手，摇摇头、摆摆手。

3. 老师与学生击掌并向学生竖起大拇指表示鼓励。

设计意图

通过与学生玩互动游戏，引起学生的注意，激发其学习的积极性。

（二）主要活动

1. 老师展示各种小型玩具，如汽车、公仔、积木、拼图等，让学生指出自己想要的玩具，用图片（心形）作为表达喜爱的标志。

2. 老师一手拿取除学生用图片（心形）标示的玩具之外的任意一种玩具，一手拿取学生喜爱的一种玩具，引导学生区分哪样玩具是自己喜爱的，哪样玩具是自己不喜爱的，引导学生用摇头或摆手来表达拒绝。

设计意图

创设情境，运用体验式学习、对比教学的方式，教学生学习用简单的肢体、手势动作来表达拒绝。

（三）巩固训练、强化激励

1. 老师展示强化物（各种小零食，如山楂片、饼干、海苔等），让学生指出自己喜爱的零食。
2. 老师将另外几种小零食拿到学生面前，让学生用摇头或摆手来表达拒绝。
3. 将学生喜爱的小零食作为奖励，让学生品尝。

设计意图

借强化激励的情境再次复习巩固运用简单的肢体、手势动作表达拒绝。

（四）延伸活动

1. 老师展示沟通板，引导学生观察板上的图片（心形表示喜爱与接受，画有斜杠的手掌表示拒绝）。
2. 让学生操作沟通板，用手指按板上的各种图片，通过聆听句子认识图片的含义。
3. 再次运用各种小型玩具作为素材，让学生通过操作沟通板来表达拒绝与接受。

设计意图

将操作图卡或沟通板来表达拒绝作为延伸活动，使学生掌握多种表达拒绝的方式。

六、注意事项

1. 在让学生选择喜爱的玩具时，只安排设置一种玩具是学生喜爱的，其他玩具是学生不喜爱的，用心形图片作为区分标志，帮助学生在接下来的互动中进行有效的沟通。

2. 对于脑瘫儿童来说，很难用语言清晰地表达拒绝，因而用简单的肢体动作及手势动作来表达拒绝，或者操作图卡或沟通板来表达拒绝就是切实可行的方式。

3. 老师在创设情境教学中，注意运用多种教学策略，如视觉提示、体验式教学、社交互动、强化激励等，引发学生真实感受的同时，让学生学习表达自己真实的意愿，学会用简单的手势、肢体动作和操作沟通板来表达拒绝。

4. 课前对学生进行强化物调查，有助于在课堂上的情境教学中有效引发学生的真实感受，进而引导学生学习表达拒绝的技巧。

七、延伸活动

1. 在实际生活中，把握真实的情境，让学生有表达拒绝的锻炼机会。

2. 结合学生的意愿，教学生用肢体动作和简单手势动作表达拒绝。

3. 根据学生真实的感受，让学生学习表达自己真实的意愿，学会用肢体动作（如摇头）、手势动作（如摆手）和表情来表达拒绝。

4. 创设情境，与学生一起玩角色扮演游戏。在游戏的社交互动中，教学生用简单的手势、肢体动作，或者提供沟通板让学生操作，来学习表达拒绝。

活动范例四："不要不要"有力量

广州市康纳学校　谢慧敏

一、课型

个训课。

二、学情分析

基本情况：陈×轩，男，9岁，孤独症。

语言理解：在熟悉的情境中，能理解简单的指令，如要、不要；能理解常用的动词+名词结构的短语，如吃饼干；知道有和没有、要和不要的概念，但不能将相关的概念联系起来。

语言表达：有口语能力，会用简单的句子表达意愿，如"我要吃薯片"。

沟通方式与效度：沟通意愿被动，日常生活中较少运用口语表达。

表达拒绝：不懂得运用正确的拒绝方式，当得到不想要的东西时，只会用发脾气或哭闹来表达。

三、活动目标

1.在一对一的游戏中，对自己不喜欢的物品能摆手表示拒绝。

2.在一对一的游戏中，对自己不喜欢的食物说出"不要"表示拒绝。

四、材料准备

水果模型（苹果、梨、芒果、香蕉），海盗桶叔叔，喜欢的食物（薯片），不喜欢的食物（甜甜圈、牛奶片、辣条），包含4种食物的转盘。

五、活动过程

（一）点指兵兵

游戏规则：点指兵兵，点到谁谁做大兵。

1.分别把苹果、梨、芒果、香蕉的水果模型，和真的薯片放在桌子上，示范一次玩"点指兵兵"的方法，点到的那个物品可以拿来玩或者吃。

2.当学生点到水果时，会把水果推开，此时告知学生推开水果的同时要摆手表示拒绝。然后把水果放到一边，继续游戏。直到点到薯片时，游戏结束。

3.当学生点到薯片时，可以拿起薯片把它吃了。

4.当学生学会游戏的玩法时，逐步取消手势及口头提示。

📋 设计意图

用食物激发学生学习的动力，当学生遇到不喜欢的物品时，摆手表示拒绝，就可以把物品放一边，从而使学生理解拒绝的含义。

（二）海盗桶叔叔

1.老师展示海盗桶叔叔，示范一次游戏的玩法：轮流把短剑刺进桶上不同的孔里，把海盗弹出桶外者，可以玩一次转盘。

2.当转盘转到学生不喜欢的食物时，提示学生说出"不要"，表示拒绝食物，然后把食物放一边，游戏结束，开始下一轮。

3.当学生能主动说出"不要"表示拒绝不喜欢的食物时，可以逐步取消口头提示。

📋 设计意图

使用转盘可以增加游戏的不确定性和趣味性，当学生遇到不喜欢的食物时，说出"不要"，就可以把食物移开，能更好地让学生理解不要的含义。

六、注意事项

1.学生不知道如何表达时，适当运用手势或口头提示。

2.强化学生的反应，让学生理解表达的重要性。

3.学生表示拒绝后，物品移开要及时，让学生充分理解拒绝的含义。

七、延伸活动

1.课间时，能说出"不要"或者摆手，表示不需要上厕所、喝水等。

2.游戏课时，能说出"不要"表示拒绝参加自己不喜欢的活动，从而更好去参加自己喜欢的活动。

活动范例五：神奇的"我不要"

广州市白云区云翔学校　陈育

一、课型

个训课。

二、学情分析

基本情况：方×童，女，8岁，孤独症。

语言理解：对声音有反应，会转向声源；对环境中的声音理解较好，不喜欢嘈杂的环境；在熟悉的情境下，能理解简单的两步指令，如把盖子盖好拿给老师；能理解常用表示具体事物的词汇，能理解常用的动词，如给、坐下、起立、喝水等。

语言表达：发音清晰准确，会使用单词或短语表达，如"要糖果""不写作业"等；能准确模仿简单句，如"我要吃……"。

沟通方式与效度：沟通意愿被动，主动的口语表达较少；在有强烈需求（想吃的或不想干某事）时，主要用单词或短语表达，更多时候用哭闹、发脾气的方式表达。

表达拒绝：主要用哭闹或"不要"表达。

三、活动目标

1. 在呈现不喜欢的食物（主要是零食）时，能用短句"我不要这个"表示拒绝。
2. 在呈现不喜欢的物品时，能用短句"我不要这个"表示拒绝。

四、准备材料

自制绘本《我不要》，小纸条，彩泥，玩具飞机和小汽车，画笔，糖果，苹果，香蕉，圣女果。

五、活动过程

（一）贴纸条

游戏引入：

"小纸条，贴哪里？"——"贴额头"。

"小纸条，贴哪里？"——"贴鼻子"。

"小纸条，贴哪里？"——"贴耳朵"。

"小纸条，贴哪里？" —— "贴嘴巴"。

📖 **设计意图**

> 用学生喜爱的贴纸条的触觉游戏引发学生关注老师，增强学生主动看老师及参与活动的能力。

（二）阅读绘本《我不要》

1. 老师和学生面对面坐好，带着学生一页一页阅读自制绘本《我不要》，老师讲解画面内容，并表演其中的小朋友说"我不要……"的语句，描述说明神奇的语句"我不要"之后发生的画面。

2. 在阅读绘本的中途停下来，表扬学生认真阅读绘本的行为。请学生休息一会儿，吃点东西。

3. 将吃的东西全部放到透明的盒子里（几种学生不喜欢吃的和一种学生喜欢吃的），让学生能够看到。老师从盒子里拿出来请学生吃，前面呈现的都是学生不喜欢吃的，当学生说"我不要这个"时，老师才会拿走并换另一种食物。最后呈现学生喜欢吃的食物。

4. 吃完食物后，继续阅读绘本。阅读绘本结束后，表扬学生认真阅读绘本的行为，奖励学生玩一会儿。将可以选择的活动材料放在透明的箱子里，里面有学生喜欢的和不感兴趣的材料。先拿给学生她不感兴趣的材料，当学生用短句表达"我不要这个"后，老师则把东西拿走，换下一个，最后呈现学生喜欢的彩泥。

📖 **设计意图**

> 学生阅读图片的能力较好，用绘本的形式把要学的表示拒绝的短句放入绘本中，提供给学生学习使用该短句的情境，同时视觉呈现因果关系。在中途休息活动中提供学生练习使用"我不要这个"短句的机会。
>
> 在阅读绘本结束后，奖励学生玩一会儿，自然地提供学生再次练习的机会。

（三）收拾东西，下课仪式

请学生帮忙一起收拾东西，下课。

六、注意事项

1. 自然强化学生的拒绝行为。

2. 在阅读绘本的时候，让学生理解拒绝言语与后续行为的因果关系。

3. 在呈现学生不喜欢的物品时，注意观察学生的表情，在学生的忍耐力耗尽前给学生喜欢的东西，避免学生产生负面情绪。

4. 在训练初期，学生用短句表达拒绝后，一定要及时拿开她不想要的东西或暂停她不喜欢的活动，建立语言表达与后果的联结。

5. 应注意学生在学会拒绝的语句表达后，出现拒绝完成练习的情况。

七、延伸活动

1. 拒绝的语句表达可以放在学生的例行活动中去练习。

2. 兑换强化物时，先提供不感兴趣的物品，让学生用语句表达拒绝。

3. 在需要选择的活动中，如游戏时间玩具的选择、活动中器材的选择等，都可以作为让学生练习的机会。

活动范例六：我不……

广州市荔湾区致爱学校　江月爱

一、课型

个训课。

二、学情分析

基本情况：李×锋，男，8岁，孤独症。

语言理解：对声音有反应，会转向声源，但对环境中的声音理解不足；在熟悉的情境中，能理解简单带手势动作的指令，如给我、坐好；对词汇理解的量较少，能理解常用的动词，如给、坐下、起立、喝水；听觉敏感，当他听到常见交通工具的声音时，能准确地说出交通工具的名称。

语言表达：不想参与、理睬、吃食物时能用"我不要……""我不玩……""我不吃……"等进行表达。

沟通方式与效度：沟通意愿被动，能使用表情、手势动作如扭头、摆手、发脾气、哭闹等方式进行沟通。

表达拒绝：能用"我不……"的短句表示拒绝。

三、活动目标

1. 在触觉训练中，对自己不能接受的情况，会拒绝老师说"我不玩……"。
2. 在奖励除自己喜欢的苹果以外的食物时，会拒绝老师说"我不吃……"。
3. 在不想接受别人的邀请时，会拒绝别人的邀请说"我不要……"。

四、材料准备

刺猬按摩球软、硬各一个，削成片的苹果（学生的强化物），饼干，糖果，交通工具的图片、声音、视频。

五、活动过程

（一）手掌触觉练习，当感觉手部不舒服时可以拒绝游戏

1. 边听歌边抓球练习。

让学生前后搓、转圈搓软的刺猬按摩球，左右手交替练习。

让学生前后搓、转圈搓硬的刺猬按摩球，左右手交替练习。

2. 老师双手抓学生的双手去抓软的刺猬按摩球，五下轻的，一下用力的，看学生的表情并问学生"疼吗"，告知学生疼的时候要告诉老师"疼，我不玩球"。

3. 老师双手抓学生的双手去抓硬的刺猬按摩球，两下轻的，一下用力的，看学生的表情并问学生"疼吗"，告知学生疼的时候要告诉老师"疼，我不玩球"。

设计意图

学生抓东西只是用大拇指和食指，而其手部触觉的敏感度较差。这个触觉游戏，既可以训练学生的触觉敏感度，又能让学生知道自己感觉不舒服时可以停止训练，拒绝游戏。

（二）遇到不喜欢吃的食物，可以拒绝

1. 准备削好的苹果（学生的强化物）、饼干、糖果。

2. 让学生听交通工具的声音后，拿出相应的交通工具图片。学生回答正确后，老师请学生吃饼干，让学生说出"我不吃饼干"。

3. 让学生听交通工具的声音后，拿出相应的交通工具图片。学生回答正确后，老师请学生吃糖果，让学生说出"我不吃糖果"。

4. 反复练习几次，可以让学生知道，遇到他不喜欢吃的食物，可以拒绝。

设计意图

从学生的长处入手，奖励其不喜欢的食物，他可以拒绝。

（三）当同学要拉自己去玩，自己不想去时，可以拒绝

1. 播放视频：同学拉学生的手，要他离开座位时，老师问学生："你想跟×××去玩吗？"

2. 当学生说"我不想"时，可以告诉学生："你可以跟他说'我不想和你去玩'。"

设计意图

通过学生自己真实的生活情境，增强学生的参与感和真实感，当他不想接受同学的邀请时，可以拒绝。

六、注意事项

1. 要等待学生的回应，学生做出相关的回应后才进行下一步的活动。

2. 要强化学生的回应，让学生感受到他的回应对老师的重要性。

七、延伸活动

1. 在学校，其他同学要其分享玩具、食物时，学生可以拒绝。
2. 在家里，兄弟姐妹要其分享玩具、食物时，学生可以拒绝。
3. 在日常生活中，不愿意参加活动时，学生可以拒绝。

第三节　礼貌用语

导读

一、定义

广义：一切合于礼貌的使用语言的行为以及结果。

狭义：单指一些特殊词语，这些特殊词语用来在交际场合中表达礼仪，具有一定的合理性和可接受性。

二、目标分解

1. 能用表达礼貌信息的手势或肢体动作回应别人。
2. 能借助辅助沟通工具，如"啾啾语音点读板"、平板电脑等，用表达礼貌的信息回应别人。
3. 能用表达礼貌信息的简单口语回应别人。
4. 能在提示下使用礼貌用语与人沟通。
5. 能主动模仿他人的礼貌用语。
6. 能自发使用礼貌用语与人沟通。
7. 能在不同的情境中，适当地使用礼貌用语。
8. 能养成使用礼貌用语的好习惯。

三、训练建议

1. 可以利用绘本故事、编儿歌等形式进行训练。
2. 情境的创设要贴近学生生活。
3. 融入日常生活使用。
4. 老师、家人树立榜样，做好示范。
5. 出现错误及时纠正。

四、延伸阅读

1. 礼貌用语是人际交往的先导和前提，是人们在特定语境中表达尊重与友好的词语，具有约定俗成的性质。礼貌用语要具备三个条件：第一，要有交际行为的发生；第二，交际过程中要出现典型的或非典型的礼貌词语；第三，要表达出一定的礼貌信息，比如尊敬或谦虚等。

2. 常见礼貌用语包括：

（1）见面语：早上好，下午好，晚上好，您好，很高兴认识您，请多指教，请多关照，等等。

（2）感谢语：谢谢，劳驾了，让您费心了，实在过意不去，拜托了，麻烦您，感谢您的帮助，等等。

（3）告别语：再见，欢迎下次再来，慢走，祝您一路顺风，请再来，等等。

（4）向对方道歉：对不起，请原谅，很抱歉，不好意思，请多包涵，等等。

（5）接受对方致谢致歉：别客气，不客气，不用谢，没关系，请不要放在心上，等等。

活动范例一：帮帮我，谢谢

广州市天河区启慧学校　曾洁欣

一、课型

个训课。

二、学情分析

基本情况：丁×皓，男，11岁，智力障碍及多动症。

语言理解：能理解短语及简单句；能理解并完成常见两步指令；能理解常用否定句，如不要拍桌子等。

语言表达：偶尔会发出声音，如"aha"，有时会表达如"帮帮我""我要吃……"等简单短语或句子，但发音不清。

沟通方式与效度：缺乏主动沟通意愿，常用简单手势和肢体动作进行沟通，会用手指表示想要、推开表示不要、拉别人衣服发起沟通行为等；会用发脾气、哭闹等方式表达情绪；在特定情境中，有少量的语音或不清晰的口语表达，但经常不能被他人（包括与之熟悉的照顾者）理解，需要结合实际情境猜测其沟通意图。

礼貌用语：能理解"谢谢"的使用场景；求助时常以拉手表示，较少出现口语表达。

三、活动目标

1. 在一对一游戏中，能在需要帮助时，发出"帮帮我"来寻求帮助。
2. 能在得到帮助时，发出"谢谢"的音。

四、材料准备

平板电脑，关于"求助"及"感谢"的视频，零食，盒子，代币"你真棒"。

五、活动过程

（一）引导学生使用礼貌用语表达求助

1. 观看有关"求助"的视频。
2. 结合视频内容，进行小结：当我打不开瓶盖，可以说"帮帮我"。
3. 邀请学生复述（不刻意纠正学生发音，老师可重复正确发音，并鼓励学生模仿）。

4. 老师邀请学生帮忙拿东西，如"请帮我拿那本书"（手势提示书的方向，适当提示学生）。

5. 感谢学生并奖励食物（用拧紧了盖子的透明瓶子装着，等待学生回应）。

6. 引导学生说"帮帮我"。

📋 **设计意图**

> 视频导入能吸引学生的注意；学生由于手部功能较弱无法拧开瓶盖，向老师求助，帮助学生理解"帮帮我"的含义并尝试使用。

（二）引导学生使用礼貌用语表达感谢

1. 观看有关"感谢"的视频。

2. 告知学生：当得到别人帮助时，可以说"谢谢"。老师呈现"谢谢"手势表达，鼓励学生主动模仿。

3. 邀请学生复述。

4. 老师邀请学生帮忙拿东西，如"请帮我拿平板电脑"。

5. 感谢学生，提示语"你帮我拿了平板电脑，谢谢"，奖励学生零食。

6. 老师将零食递给学生时，引导学生说"谢谢"。提示学生别人给他东西，要说"谢谢"。学生表达感谢后，老师将零食奖励给学生。

📋 **设计意图**

> 学生由于发音问题，常无法与同伴、家人及老师等形成有效的沟通，创设真实的情境，引导学生理解"谢谢"的含义并尝试使用。

（三）巩固练习：引导学生使用求助与感谢等礼貌用语

1. 老师将平板电脑设置成30秒自动锁屏。

2. 打开给学生看视频后等待平板电脑自动锁屏，老师等学生说出"帮帮我"后帮学生打开。

3. 打开后提示学生说"谢谢"后，将平板电脑递给学生，表扬学生有礼貌。

📋 **设计意图**

> 创设真实情境帮助学生理解及使用礼貌用语，提高学生在日常生活中的沟通效度。

（四）情景模拟

1. 对礼貌用语进行简单复习。

2. 邀请班级里一名学生配合完成情景模拟。

3. 情景模拟：老师给予学生零食（用瓶子装），告知学生拧不开可以去找某同学；老师引导学生走到某同学面前寻求帮助，并适当提示学生用礼貌用语回应别人。

 **设计意图**

促进同伴交流，并立足实际情境进行泛化。

六、注意事项

1. 给予学生反应的时间。

2. 及时强化学生的适切行为。

3. 结合实际情境，注重行为的泛化。

4. 在活动中，老师不刻意纠正学生的发音，只要适当增加正确发音的输入，鼓励学生主动模仿。

5. 需在课后反复练习。

七、延伸活动

1. 在日常生活中引导学生表达礼貌用语。如午点课上，让一名老师或同学将午点递给学生，此时，另一名老师及时引导学生跟老师或同学说"谢谢"。

2. 在课间活动中，及时引导学生使用礼貌用语，如同学与学生分享玩具、零食等，引导学生及时表达感谢。

活动范例二：我可以……吗

广州市白云区云翔学校　钟柳华

一、课型

个训课。

二、学情分析

基本情况：江×楠，女，12岁，智力障碍、语言障碍。

语言理解：对自己的名字反应较好，能用声音或动作回应；能理解环境中的声音，如上课铃声、大课间音乐等；能理解并指认常见的具体事物；能理解简单的常用的抽象词汇（颜色、形状等）；能理解否定句；能正确回应简单的疑问句。

语言表达：在熟悉的情境中，能用常用的简单句表达需求，如"我要球"；存在构音障碍，发音不清晰，在沟通互动中容易引发歧义，需要结合实际情境加以解读；在日常学习生活中，习惯用单字、词语表达。

沟通方式与效度：习惯使用手势动作加口语的方式表达需求和传递讯息，具备较强的沟通意愿；能主动地用词汇回应老师，能够维持较为简短（3～4个回合）的对话。

礼貌用语：有需求的时候会用称谓（如老师）开头，但不会用礼貌用语表达自己的需求。

三、活动目标

1. 能在提醒下询问信息。
2. 能使用礼貌用语："我可以……吗""谢谢"。

四、材料准备

KT板、杆子、水彩笔、白纸四种物品，以及图片、字卡、表格（标明要借的东西和相应的老师，见图2-2），音乐。

需要借的东西		找谁借	
	水彩笔		彭老师
	白纸		周老师
	KT板		张老师
	杆子		谢老师

图 2-2　表格

五、活动过程

（一）导入活动

1. 师生一起确认今天的课程。

2. 热身：律动《运动歌》。

设计意图

热身活动让学生可以进入上课的状态，引出上课的内容。

（二）发展活动

1. 告知学生：学校要开运动会，但是班级的班牌还没做好，今天这节课要准备班牌制作的东西。

2. 展示图片和字卡，和学生一起确认制作班牌需要的东西：KT板、杆子、水彩笔、白纸。朗读字卡，让学生加深印象。

3. 告诉学生，这节课需要去找其他老师借制作班牌的东西。展示图片、表格，让学生把要借的东西和要找的相应老师联系起来。

设计意图

结合运动会进行礼貌用语的教学，创设条件让学生去借东西，学习使用礼貌用语。

（三）综合活动

1. 老师和学生一起按照表格上要借的东西去找相应的老师。

2. 找到第一位老师后，老师示范如何借东西，学生询问："老师，我可以……吗？"借到后说"谢谢"，让学生去模仿。老师要强调，和别人借东西要有礼貌。

3. 继续找第二位、第三位、第四位老师借东西，老师留意学生的问话，提醒学生使用正确的礼貌用语。学生借到东西后，老师及时强化学生的行为，称赞学生有礼貌。

设计意图

礼貌用语是在实际情境中自然产生的，借东西的场景能让学生自然地去练习，而且可以达到反复练习的效果。

（四）小结

1. 老师和学生一起把制作班牌需要的东西都借回来了，告诉学生明天班级的同学们可以开始制作班牌了。

2. 老师表扬学生做得非常好，并且强调学生在借东西的过程中很有礼貌。

3. 最后请学生一起把借到的东西带到班级去。

📋 设计意图

老师及时强化学生的礼貌行为，让学生更能体会到讲礼貌的重要性。

六、注意事项

在学习使用礼貌用语的过程中，要和学校的其他老师、家长达成一致，提醒学生要讲礼貌。当学生有需求时，要正确使用礼貌用语才满足学生。如果没有的话，要引导学生使用恰当的礼貌用语，才满足其需求。

七、延伸活动

1. 礼貌用语可以融入班级日常生活中，如：

（1）上学或放学途中遇到老师、同学要打招呼。

（2）课堂上，有礼貌地和同学借学习用品。

（3）课间十分钟，有礼貌地询问同学是否可以加入其玩耍队伍。

（4）点心时间，可以让学生当派发员，有礼貌地询问同学是否需要，或者当老师询问学生时，学生可以有礼貌地回应。

2. 礼貌用语可以融入家庭日常生活中，如：

（1）上学离家、放学回家要和家人打招呼。

（2）想吃东西时，有礼貌地和家人表达需求。

（3）逛超市想买玩具或者零食时，有礼貌地和家人表达。

（4）外出购物时，有礼貌地询问服务员有关商品的信息。

活动范例三：我会正确使用礼貌用语

广州市天河区启慧学校　陈艳丹

一、课型

小组课。

二、学情分析

基本情况：王×心（学生A），女，11岁，智力障碍；梁×宜（学生B），女，10岁，智力障碍；池×轩（学生C），男，11岁，智力障碍。

语言理解：三人均能听懂简单指令并执行两步指令，能理解并指认常见物品，但词汇量不足以满足日常生活各项所需。

语言表达：三人均能自主使用词汇和进行简单句交流，以词汇为主，沟通意愿强，但词汇积累不足，只能满足日常生活的基本沟通需求。

语言沟通方式与效度：三人在日常交流中均以口语表达为主、肢体动作为辅，且沟通交流效果良好。

礼貌用语：三人在日常生活中使用礼貌用语的意识不够、主动性不强，不能正确使用相关礼貌用语。

三、活动目标

1. 在生活情境中，能正确使用礼貌用语"你好"。
2. 在生活情境中，能正确使用礼貌用语"谢谢""不客气"。
3. 在生活情境中，能正确使用礼貌用语"再见"。

四、材料准备

《生日歌》视频，小蛋糕，小礼物。

五、活动过程

（一）《生日歌》视频导入

1. 播放儿歌视频《生日歌》。
2. 引导学生回顾过生日的基本流程：迎接朋友—收生日礼物—吃生日蛋糕—送别朋友。

3. 活动预告：学生A过生日。

告知学生们这个月学生A过生日，今天老师、学生B、学生C带了小蛋糕和小礼物一起来为学生A提前庆祝生日。

设计意图

引导学生回顾过生日的基本流程，为活动"学生A过生日"做好准备。

（二）"学生A过生日"情境体验

1. 迎接新朋友，学习打招呼说"你好"。

老师带着小礼物来到学生A家，轻轻敲门，进门后对学生A说"生日快乐"。学生B稍后到达，见面后老师主动为她们互相介绍，并让学生A打招呼说"你好"，老师示意学生B回应"你好"。学生C到达后老师同样主动介绍，并让学生A打招呼说"你好"，并示意学生C回应"你好"，引导学生B和学生C以同样的方式相互以"你好"打招呼。

2. 接收礼物、分发蛋糕，学习表示感谢说"谢谢"。

学生A接收礼物：学生B、学生C依次将生日礼物送给学生A，老师引导学生A在收到礼物时说"谢谢"，学生B、学生C回应"不客气"。

学生A分发蛋糕：学生A将蛋糕依次分发给老师、学生B、学生C。老师在收到蛋糕后表示感谢说"谢谢"，引导学生A回应"不客气"。学生B、学生C在收到蛋糕时，老师引导他们表示感谢向学生A说"谢谢"，学生A回应"不客气"。

3. 生日会结束，学习道别说"再见"。

生日会结束，老师、学生B、学生C一起离开，老师引导大家相互告别说"再见"。

设计意图

在生活具体情境中学习正确使用礼貌用语"你好""谢谢""再见"。

（三）老师总结并演示

1. 见到朋友打招呼可以说"你好"。

2. 对他人表示感谢可以用"谢谢"，回应可以说"不客气"。

3. 与他人告别可以说"再见"。

设计意图

老师总结归纳，帮助学生在生活具体情境体验中理解三种礼貌用语所使用的场景。

六、注意事项

1. 老师应尽量促使生日会自然流畅，引导学生积极参与。

2. 在老师总结环节完成后，可演示一些具体情境让学生思考应该用哪种礼貌用语。

七、延伸活动

1. 情境学习。

日常礼貌用语最好放到具体的情境中学习，比如早上到校后师生间、同学间的相互问候；放学后师生间、同学间的相互告别；午点、午餐及午休等适当地对他人表示感谢或回应别人的感谢。

2. 礼貌用语儿歌。

小朋友，讲礼貌。

见老师，问声好；

见同伴，问声好；

告别时，说再见；

被帮助，说谢谢。

活动范例四：我会主动道歉

广州市启聪学校　郭加

一、课型

个训课。

二、学情分析

基本情况：陈×明，男，7岁，听力障碍。听力损失为极重度，双耳佩戴助听器，补偿后左耳听阈为42分贝、右耳为50分贝，听力曲线高频部分落在香蕉图外。

语言理解：能听懂一些熟悉动词的不同形态，如"我正在吃""我吃完了"；能听懂"谁""什么时候""怎么样"或"为什么"的问句；能描述身体部位的功能；能理解"如果……怎么办"的问句。

语言表达：能使用基本的语句来表达意思，如"我不知道""对不起"等；能使用简单的语句来表达自己的生活经验，如看图能说出图中的意思。

沟通方式与效度：能与熟悉的人用语言进行简单沟通，但需要有视觉提示，如表情、口型、简单手势动作等；用语言沟通的主动性不强，多会配合肢体或手势动作；语言清晰度不佳，表达欠完整。

礼貌用语：掌握常用的礼貌用语，如你好、再见等。

三、活动目标

1. 了解道歉及原谅他人的多种表达方式。
2. 在具体的情境中能正确使用道歉和原谅他人的表达。

四、材料准备

情境录像或图片。

五、活动过程

（一）课前准备

在上一节课结束时，老师向学生预告，下节课要和学生分享一本有趣的绘本《逃家小兔》。

> **设计意图**
>
> 为本节课的开展埋下伏笔。

（二）暖身活动

1. 老师向学生道歉："昨天我答应你，今天要给你带绘本《逃家小兔》，可是早上出门太急，老师忘带了，真是不好意思。我明天再带给你，好吗？"

2. 根据学生的回答，引入今天的主题：生活中常会需要向他人道歉，除了说"对不起"，还可以用多种方式表达歉意及表达对他人的原谅。

> **设计意图**
>
> 从学生关注的事引入学习的主题，让学生了解所学内容在生活中的实用性。

（三）学习表达歉意

1. 老师播放视频，视频内容：在教室里，学生A走过学生B身边，不小心把学生B桌上的杯子碰倒了。学生A连忙道歉说"对不起"，学生B说"没关系"。（播放时可在杯子被碰倒后按暂停，向学生提问：这时应该怎么说？怎么做？）

2. 老师引导学生思考：遇到这种情况，还可以怎么说？

（1）可示例："真不好意思，我不是故意的。""哎呀，把你的本子弄湿了，太抱歉了，我帮你擦一擦。"

（2）再播放事先录好的其他表达歉意的视频进行巩固。

3. 情景表演：不小心把别人的书碰掉了。

> **设计意图**
>
> 用视频帮学生在真实的生活情境中了解语言表达的多样性，并体会如何表达歉意更恰当。

（四）学习如何回应道歉

1. 老师播放视频或展示图片：学生A不小心踩了学生B的脚，学生A连忙道歉，学生B如何回应？

2. 老师引导学生学习，除了已经掌握的"没关系"，还可以说："你也不是故意的，没关系。""下回小心一点就好。""别放在心上。"

3. 再播放事先录好的视频进行巩固。

4. 情景表演：不小心碰撞了同学。

**设计意图**

用视频帮学生在真实的生活情境中了解语言表达的多样性，并体会如何回应他人的歉意更恰当。

六、注意事项

1. 礼貌用语是学生日常生活中经常会用到的，因此不应该局限于课堂的学与练，更重要的是培养学生在生活中应用礼貌用语的意识。在教学过程中可引导学生思考，什么情境下会用到这些礼貌用语。

2. 同样是道歉，在不同的情境中、面对不同的对象说的话可能不一样，要培养学生主动应用并思考怎么说更恰当的意识。

七、延伸活动

1. 老师带领学生制作常用礼貌用语小卡片，从简单的"你好""谢谢""对不起""没关系"等，到"真不好意思，我不是故意的""别放在心上"等。

2. 可用课余时间进行卡片的分类活动。

3. 在教室的墙上做一个礼貌用语角，当在日常学习生活中出现有需要说这类用语时，老师可引导学生进行练习，巩固学习过的内容。对于能力较弱的学生，可先从做好的卡片中选取恰当的卡片进行练习。

活动范例五：礼貌用语奏鸣曲

广州市黄埔区知明学校　刘敏燕

一、课型

个训课。

二、学情分析

基本情况：冯×敏，女，10岁，听力障碍。现就读二年级，约2岁时左耳开始佩戴助听器。2018年7月的听能管理听力检测记录显示为左耳的平均听阈是98分贝，右耳是111分贝，左耳的助听听力是69.6分贝。

语言理解：对自己的名字有反应，能听懂简单指令；能指认身体部位；能理解常见物品；能理解常见的疑问句（什么、谁、干什么、多少等）；能执行两步指令；能理解黄、蓝、绿三种颜色。

语言表达：日常生活中能使用简单句和手势表达需求、打招呼和传递信息，会主动与老师、同学互动。

沟通方式与效度：能使用简单句和手势动作进行简单的交流，但口语表达清晰度欠佳，只有熟悉的人才能理解。

礼貌用语：能使用口语回应老师的问候和告别。

三、活动目标

1. 能主动与他人打招呼。
2. 能使用礼貌用语回应他人的道谢。

四、材料准备

图片，食物，点读笔（见图2-3），沟通板（见图2-4），面具。

图 2-3　点读笔

图 2-4　沟通板

五、活动过程

（一）如何主动打招呼

1.模拟一场包含家长和其他班级老师参加的班级活动，让学生负责迎宾和招待工作。

2.呈现老师、阿姨或叔叔的图片，问："早上见到老师时，应该怎么打招呼？"提示引导学生说"早上好"，再以"阿姨"为例，重复练习两遍。

📋 **设计意图**

结合班级主题活动设计礼貌用语训练内容，通过练习让学生掌握主动跟同学家长打招呼的技巧。

（二）角色扮演

1.迎宾环节。

（1）由老师戴上不同的面具，扮演不同的叔叔、阿姨或其他老师，学生扮演迎宾者。

（2）当老师戴上A老师的面具来到教室门口时，主动跟学生打招呼"早上好"，学生回应"老师，早上好"；当老师戴上B老师的面具来到教室门口时，等待学生的问好，当学生没反应时，老师以图片（句条）提示学生使用口语"老师，早上好"向老师问好；当老师戴上叔叔的面具来到教室门口时，等待学生的问好，学生使用口语"叔叔，早上好"问好……重复练习直至学生能主动向他人问好。

2.招待环节。

（1）播放高年级学生招待家长的视频，帮助学生分辨"谢谢"和"不客气"。

（2）老师扮演A阿姨，询问学生："可以帮我倒杯水吗？"学生表示可以，把水递给A阿姨，A阿姨道谢时，学生也跟着说谢谢，老师停顿，手势提示学生点压沟通板上的"不客气"，并仿说"不客气"。

（3）老师扮演A叔叔，询问学生："可以帮我倒杯茶吗？"学生表示可以，把茶水递给A叔叔，待A叔叔道谢后，学生点压沟通板上的"不客气"，并仿说"不客气"。

（4）老师扮演B叔叔，询问学生："有纸巾吗？"学生表示有，并把纸巾递给B叔叔，待B叔叔道谢后，老师手势提示学生说"不客气"。

重复练习两遍，直至学生能独立使用口语"不客气"回应他人。

📋 **设计意图**

角色扮演更能激发学生的学习兴趣，还能在情境模拟中练习主动使用礼貌用语跟他人打招呼和回应他人的道谢。练习过程中提示要逐渐减少直至学生能独立完成。

（三）收拾整理

1. 下课了，老师请学生帮忙收拾并放好教具，当学生整理好后，老师道谢，并等待学生使用口语"不客气"进行回应。

2. 道别：老师说"下课了，再见"，学生使用口语"老师，再见"作回应。

📓 设计意图

让学生收拾物品，既训练学生使用礼貌用语回应他人的道谢，也能培养学生良好的生活习惯。

六、注意事项

1. 学生的口语表达不清晰，在沟通过程中允许学生使用手势动作和口头表达的方式提高沟通效度。

2. 学生主动使用礼貌用语的能力较弱，老师要等待学生的回应。当学生没有回应时，可给予视觉提示。

3. 学生容易混淆"谢谢"和"不客气"，要先帮助学生分辨，再做练习。

七、延伸活动

1. 每天上学，要求学生主动与老师和同学打招呼。

2. 每天放学，要求学生主动与老师和同学道别。

3. 休闲时间，当学生帮助他人后，使用"不客气"回应同学的道谢。

4. 课堂上老师请求学生帮忙，待老师道谢后学生使用"不客气"回应老师。

活动范例六：挡住你了，怎么办

广州市越秀区启智学校　蒋中来

一、课型

个训课。

二、学情分析

基本情况：李×烨，男，10岁，智力障碍。

语言理解：理解复杂句"先……然后……最后……""如果……就……""当……就……"；能理解大概30字的短篇故事，并回答部分问题。

语言表达：较常使用简单句表达需求、告知信息等，偶尔使用含形容词的复杂句表达。

沟通方式与效度：沟通意愿较强，能使用表情、手势动作、口语等方式进行沟通，沟通效度较好。

礼貌用语：能主动说"你好""谢谢"等简单常用的礼貌用语，但遇到其他情况则不会使用礼貌用语，如搬凳子时有同学挡住了路，常使用以动作推开他人的方式表达。

三、活动目标

1. 当遇到他人挡住自己的路，会说"请让一让"。
2. 养成讲礼貌的好习惯。

四、材料准备

视频，图片，休闲玩具（如球）。

五、活动过程

（一）"文明礼仪——校园礼仪"视频导入

1. 播放视频请学生观看并请学生注意视频中出现了哪些礼貌用语。
2. 请学生说一说视频中出现的礼貌用语——"谢谢""你好""再见""请帮忙""对不起"。

📋 **设计意图**

> 通过视频帮助学生回顾常用的礼貌用语。

（二）社交故事《挡住你了，怎么办》

1. 老师展示图片，向学生描述图片内容：教室里，一个男同学要擦黑板，前面一个女同学挡住了他，男同学推开女同学走了过去，女同学因此哭了。老师边讲边围绕"这是哪里，里面有谁，发生了什么"进行提问。

2. 请学生想一想并说一说：当前面有人挡住你了，你可以怎么办？老师列举一些常见的做法，如推开别人、等在原地等。

3. 老师和学生表演上述情景，并说一说自己的感受：如果你被推了一下是开心还是不开心，为什么呢？

4. 老师告诉学生当有人挡住我们了，我们可以说"请让一让"，这样对方就会让开，我们就能过去了。

设计意图

通过收集日常生活中学生不文明的行为，通过讲演让学生身临其境地了解不礼貌与讲礼貌时的感受。

（三）具体运用

1. 请学生去休闲区域玩，老师设置障碍故意站在休闲区域的入口处，等待学生使用礼貌用语说"请让一让"。

2. 老师请学生帮忙捡球，请助教老师挡在球的前面等待学生使用礼貌用语说"请让一让"。

设计意图

通过设置不同情境让学生运用学过的内容，促进学生的泛化与迁移。

（四）复习小结

1. 请学生说一说：你知道的礼貌用语有哪些。

2. 告知学生每天都要用礼貌用语，做一个懂礼貌的好学生，并会对学生讲礼貌的行为进行奖励，每周将会选出一名文明小标兵，请学生努力做好。

设计意图

通过小结，帮助学生复习本节课的内容，用每天奖励代币的方式培养学生讲礼貌的好习惯。

六、注意事项

1. 注意观察日常活动中学生之间的冲突，为教新内容收集素材，并抓住这些稍纵即逝的时机进行教学。

2. 给学生反应的时间，在学生将要出现错误反应前，老师要及时进行辅助，用示范或小声提示的方式让学生做出正确反应。

3. 多创设自然真实的情境让学生将所学知识应用到生活中，从班级的小环境逐渐扩大到学校、社区。

七、延伸活动

1. 每天对学生的礼貌行为进行奖励：讲礼貌用语、帮助同学等，每周根据奖励代币的多少选出文明小标兵进行表扬。

2. 及时奖励学生的礼貌行为。

3. 将学校所教的礼貌用语反馈给家长，请家长用视频及照片的形式记录学生的礼貌行为，并播放给学生看。

4. 教授礼貌用语需要老师、家长的良好示范，教学场所可以是任何地点，如地铁上、图书馆里、超市里、马路上等；教学时间也很灵活，可以结合情境对学生进行教学。

第四节　引起注意

导读

一、定义

语言前的沟通行为——引起注意（关注），是指个体通过发声、肢体动作、环境刺激的改变等获得他人注意（关注），是主动发起互联注意（自发型分享式注意）的前期技能。

二、目标分解

1. 能用声音引起他人的注意。
2. 能用肢体动作引起他人的注意。
3. 能用语言引起他人的注意。
4. 能用两种及两种以上方式引起他人的注意。

三、训练建议

1. 以活动为基础。

（1）引发学生注意的教学活动设计，建议多选择学生喜欢的物品或游戏。

（2）由教学者给予学生回应，鼓励学生去引起教学者的注意并指向相应物品或事件，且持续地相互影响。

（3）在一天中，当事情发生时，不立刻做出反应，要给学生一个机会去提示教学者注意。

2. 环境安排。

（1）布置游戏区域，让学生想要的玩具在简单且刚好抓不到的地方。等待学生用声音或手势动作引起教学者的注意以及指向该玩具，然后再将玩具给学生。

（2）当学生的注意力在有趣的东西、人或事件上时，不要立刻满足他，直到学生使用声音或手势动作去引起教学者的注意且指向有兴趣的东西、人或事件再满足他。

（3）如果教学者的距离太远，学生可能不会尝试去引起教学者的注意。确定一个恰当的距离，然后在学生的反应一致后再改变距离。

3. 指导步骤。

（1）系统地引导延迟使用的时间和视觉的提示。

（2）姿势是容易模仿的。任何注视、出声或动作都可以成为一种沟通的信号，是应被鼓励和强化的。

（3）将学生感兴趣的玩具放在其刚好抓不到的位置外，还提供语言的暗示"告诉我你要什么"，一旦学生一直用声音或手指指向物品时，改变物品与学生间的距离。

4. 教学考量。

（1）确保已教授分析这项任务所需的基本技能，获得成人关注的技能包括：遵从指令，参与大幅动作的身体调节能力。

（2）在完成教学示范后要记得取消辅助。

（3）该项目最好在训练室中进行，然后再泛化到其他课室，执行该方案时，要有一位教学者在训练室中与学生背向而坐，给予学生接触成人的机会，并获得他们的关注。

（4）教导学生引起他人注意的前期，建议两位教学者同时参与，一位指导，一位作为被引起注意者。指导者多以示范的方式，被引起注意者要在学生做出正确行为后，立即给予反应以强化正确行为。

活动范例一：神奇的小点

广州市海珠区启能学校　李欣仪

一、课型

个训课。

二、学情分析

基本情况：何×晴，女，5岁，精神发育迟缓。

语言理解：具有一定的语言理解能力，能对特定熟悉的口语指令或音乐指令做出反应，如坐、排队、喝水、穿鞋、冲水等；对熟悉的音乐有反应，可以模仿老师做一些简单动作，如拍手、双手举起等；能指认少量常见物品（如杯子）和自己的照片，能对简单图形进行配对。

语言表达：能说少量词语，如"妈妈""晴晴""要吃""谢谢"等；能仿说一些简单的词语，如"薯片""杯子"。

沟通方式与效度：少量口语，习惯用动作、声音、表情表达需求和情绪。发音不清晰，表达的内容不明确，导致沟通效度不足，只有熟悉的照顾者才能明白其部分沟通意图。

引起注意：通过强化物能有效引起学生的注意，如熟悉的歌曲、喜欢的玩具、小零食等。在没有辅助的情况下，学生有意注意的保持时间较短，但在他人陪伴的辅助下，能延长注意的保持时间。学生偶尔表现出一定的分享式注意，如喜欢与成人一起阅读，并会拉着成人的手去指书上的图画。

三、活动目标

1. 使用"嘿"的语气助词引起他人注意。
2. 观察并模仿老师通过指、点引起他人关注的行为。
3. 在传球游戏中，能使用拍手的动作制造声响引起他人注意。

四、准备材料

音乐《竹兜欢乐跳》，绘本《点点点》及其图卡，篮球，奖励选择板。

五、活动过程

（一）上课常规

1. 与班级老师说"再见"后，跟随老师到指定课室上课。

2.听上课音乐模仿老师拍手动作，与老师互相问好。

3.预告本节课的内容：

热身活动——竹兜欢乐跳；

讲故事——《点点点》；

玩游戏——传球；

奖励时间。

（二）主要活动

1.热身活动。

（1）播放音乐《竹兜欢乐跳》，请学生关注老师的动作，并模仿。（2～3遍）如："嘿，小脚！我们踏踏小脚——踏踏脚。"老师故意停顿，引导学生使用"嘿"的语气助词引起老师注意，完成音乐活动。

设计意图

　　将热身动作和学生喜欢的音乐动作结合，引起学生兴趣和关注，通过动作变化，引导学生要注意老师的动作；学生能在老师前面的示范中，学习如何通过语气助词"嘿"成功引起别人的注意。

2.讲故事《点点点》。

（1）老师展示故事绘本《点点点》，学生根据老师的提示找到点点按一按、摇一摇。（老师使用指、点的方式引起学生的注意）

（2）讲述过程中，老师刻意停顿，引导学生通过指、点的方式引起老师注意，继续绘本的讲述。

设计意图

　　在阅读绘本的过程中，通过让学生动手操作按一按、摇一摇、点一点等，丰富绘本阅读的趣味性，从而增长学生注意的保持时间；学生能在老师前面的示范中学习如何通过指、点的方式引起别人的注意。

3.传球游戏。

（1）告知学生要进行传球游戏，但球找不到了，请学生帮忙在教室里把球都拿出来。（把5个球分开摆放在课室不同的位置）

（2）学生与老师进行传球游戏，老师把球抛给学生，学生把球接住后，老师使用拍手制造声响的方式引起学生注意并传球。

（3）在老师接住球后，突然停顿；引导学生通过拍手制造声响来引起老师注意，传球给学生。

设计意图

　　通过设置情境任务——找球，引起学生的有意注意，在附近的环境中找到球；学生能在老师前面的示范中，学习如何通过拍手制造声响的方式引起别人的注意。

（三）评价总结

1. 根据学生的表现，奖励学生在奖励选择板上换取喜欢的奖励。

2. 播放收玩具的音乐，请学生帮忙将绘本、球等教具放回原来的位置。

3. 与老师进行下课礼仪。

六、注意事项

1. 绘本阅读时，需及时为学生提供教学辅助：以全身体辅助—半身体辅助—示范等方式，引导学生学习用指、点的方式引起他人的注意。

2. 在找球的环节里，要把球分布在不同的位置，一部分在容易找的地方，另外的要在稍微难找的地方。

3. 老师抛球时，要注意节奏的变化，从而引起学生的注意。

七、延伸活动

1. 在休闲时间里，可以玩一些需要持续注意的游戏，如磁力珠游戏、钓鱼游戏等。

2. 学生喜欢拿画笔画画，也可布置一些点点连线的作业。

活动范例二：我会玩纸牌

广州市天河区启慧学校　陈均丽

一、课型

个训课。

二、学情分析

基本情况：何×斌，男，13岁，智力障碍。

语言理解：能基本满足日常生活需求，能理解简单手势、姿势、图片等；能基本听从老师指令，如扔垃圾、拿纸巾等；能理解较常见的简单句；对简单的复杂句，如因果关系句、否定句等的理解有待提升。

语言表达：可使用常用名词、动词等词汇表达，但需增加词汇量；可以使用简单句，如"这是……，不是……""我要……，不要……"等表达，但数量不多。

沟通方式与效度：沟通意愿较低，沟通方式较单一，主要以口语加简单手势来表达，口语清晰度需进一步提高；在无法表达其需求或内心想法时会哭；沟通时较难理解他人的情绪和意愿，无法根据他人的状态调整自己的行为。

引起注意：能协调目光转移和重复自己的行为来与他人互动，但主动性不足，且较少掌握获取他人注意的方法技巧；主要以简单手势加口语表达的方式来引起他人注意，比较难引起他人的无意注意，效度有待提高。

三、活动目标

1. 在纸牌游戏中，知道用眼神或手势示意他人。

2. 当非口语表达不能引起老师注意时，可以用口语"老师，到你了"来吸引老师注意力，使其回到玩纸牌上。

3. 通过游戏中的表扬和强化物的奖励，提高学生引起注意的主动性。

四、准备材料

纸牌（只要1种颜色），海苔、牛奶等强化物。

五、活动过程

（一）课前常规活动

1. 坐好，问好。（要求学生回应"老师，早上好"）
2. 展示任务卡，告知本节课的活动。

（二）引起动机（每节课常规活动）

1. 呼吸操：看图、听指令模仿做改善构音障碍的呼吸操。

老师：播放视频，并按视频节奏喊节拍。

学生：模仿老师一起喊节拍、一起做动作。

2. 展示纸牌和海苔，预告游戏。

📝 **设计意图**

    呼吸操主要用于改善学生构音障碍；展示强化物并预告活动，学生能预知本节课的活动，主动把握节奏，提高参与活动的主动性。

（三）发展活动

1. 找一找。

请学生找一找1~10数字的纸牌。

主教老师：我们先找齐1~10数字的纸牌，再来一起玩。

提前把纸牌放在学生看得着、够不到的位置，如主教老师的手上、打不开的盒子里等，让学生用眼神或手势、简单口语示意后再帮忙。

在学生发现纸牌之后，教导学生通过眼神或手势、简单口语示意，引起主教老师注意并帮忙拿取。（找齐1~10数字的纸牌后立即给予强化物，在此过程中侧重引导学生主动通过眼神或手势、简单口语引起他人注意）

2. 玩纸牌。

主教老师：说明游戏规则——对方出纸牌后，你才能出牌。

主教老师在玩纸牌的游戏中，用故意接电话、看书、看手机等方式中断游戏，转移自己的注意力。

助教老师用眼神或手势、简单口语来引起主教老师注意，以继续游戏。

引导学生模仿并应用"老师，到你了"等简单口语来引起主教老师注意，再继续游戏。

游戏结束时，展示强化物奖励，但等学生主动示意后再帮忙打开包装。

📝 **设计意图**

    利用学生喜欢的游戏"玩纸牌"，让学生在活动中自然发现问题，激发其主动需求，进而想方设法引起主教老师注意，以期主教老师帮助解决问题。助教老师借此自然介入示范，让学生模仿用眼神或手势、简单口语引起他人注意的方法技巧。

（四）巩固练习

1. 搭积木。

师生一起搭积木，主教老师边搭边和助教老师聊天以中断游戏，引导学生用眼神或手势、简单口语提醒老师们积木在哪儿、搭在哪儿等。

2. 分享美食。

主教老师、助教老师一起吃零食。引导学生用眼神或手势、简单口语来引起老师们的注意，随后要求一同分享。

（五）小结回顾，总结下课

主教老师：今天我们一起玩了什么游戏？当别人开小差时，你想继续游戏，该怎么办？

设计意图

利用学生熟悉的活动、熟悉的操作进行巩固练习，在活动中制造各种"意外"让学生主动运用已习得的眼神或手势、简单口语引起他人注意的方法技巧来引起老师注意，进而解决问题并继续完成其喜欢的活动，巩固本节课所学。

六、注意事项

1. 游戏必须是学生喜欢的、感兴趣的且能熟练操作的。

2. 要耐心等待学生主动示意，给予其充足的时间。

3. 立即强化学生的示意行为，提高其引起注意的动机，丰富方法。

4. 引起注意更有效的训练应是在学生熟悉的环境中进行，在学生有需求时而产生的训练；个训课不应局限于个训室，可选择在其他场所，如教室、操场等学生熟悉的环境中进行。

5. 建议由助教老师或第三人来示范引导（不是主教老师自问自答），这样更有利于学生直接模仿学习。

七、延伸活动

1. 课间：用眼神或手势、简单口语引起游戏中学生的注意，以请求加入游戏。

2. 午餐午点：用眼神或手势、简单口语引起老师注意，以取用午餐午点。

3. 校内外：与人打招呼。

4. 家里：用眼神或手势、简单口语引起家人的注意，以满足自己需要家长陪同等需求。

活动范例三：我会这样叫你

广州市番禺区培智学校 陈慧芬

一、课型

集体课。

二、学情分析

基本情况：本班有10名学生（男生5名，女生5名），其中智障学生8人，自闭症学生2人。

A组：谢×嘉、李×康、刘×林（林林）、黄×盛、黎×浩。

B组：郭×红、郭×闽、肖×元。

C组：林×瑶、黎×琳。

语言理解：A组学生对自己的名字有反应，能遵守简单指令，如起立、坐下、举手等；可指认常见物品、身体部位，能回应简单疑问句。B组学生需要通过照片提示来辅助理解自己的名字，能遵守常见的指令，如坐下、喝水等；可指认自己的物品，能回应少许需求性的问句。C组学生对自己的名字无反应，需要他人协助理解简单指令，能认识个别自己的物品。

语言表达：A组学生能运用口语命名常见物品，在有沟通动机时可以用短语简单句表达自己的需求，如"吃药""我要吃饼干"；B组学生基本无口语，一般用肢体动作，如指、拉等方式进行沟通；C组学生完全需要他人的协助。

沟通方式与效度：A组学生能使用简单口语表达个人需求，沟通效度尚可；B组学生基本用肢体动作表示，教师和照顾者需要结合情境进行理解；C组学生基本无沟通。

引起注意：A组学生多数情况下运用肢体动作，如拉一下老师或同学、用手指向某处等，偶尔用短语表达；沟通对象需要借助当时环境或多次询问确认信息。B组和C组学生基本使用哭闹等情绪行为的方式引起他人的注意。

三、活动目标

1. 能大声叫出他人的名字。
2. 能用叫名字的方式引起他人注意。

四、准备材料

点名照片，课程表（见图2-5）。

图 2-5　课程表

五、活动过程

（一）点名环节

1. 一位老师指导学生呼叫班级其他学生的名字，另一位老师指导被点到名的学生用举手或喊"到"等方式回应，然后请被点到名的学生上台去张贴照片。

2. 如此反复练习，10名学生轮流充当点名者。

老师总结：能用叫名字的方式引起他人注意，非常棒。

📋 **设计意图**

　　想要引起他人注意，最直接的就是叫名字，对于孤独症学生来说，首先要掌握呼名反应这一技能。

（二）张贴课表

根据班级课表，张贴班务日志和教室课表。

1. 林林先根据日历告知大家今天的日期（年月日、星期几），到校人数等。

2. 林林点数当天课程节数，并开始叫对应数量的同学的名字上来张贴课表。

3. 被喊到的学生依次上台张贴课表。

老师总结：林林能用叫名字的方式引起他人注意，非常棒。

📋 **设计意图**

　　通过练习，引导学生用正确的方式引起他人注意。

（三）整体总结

在与他人沟通时，要用正确的方式引起他人注意，如叫名字。

六、注意事项

1. 训练过程中，通过适当使用重音吸引学生注意。

2. 减少环境中的干扰物。

3. 围绕训练目标采用不同形式吸引学生注意。

4. 对于无口语的学生尤其要注意教导此项教学目标，可以减少行为方式的问题。

七、延伸活动

1. 地点泛化：可以将情境模拟延伸至教室外的地点，如操场。

2. 人物泛化：更换对象，换成家长、其他老师、同学等。

3. 泛化到其他课堂中，如体育课想和其他同学一起玩，要如何引起他人注意；想要同学帮忙，要如何表达；等等。

活动范例四：我可以这样引起你的注意

广州越秀区启智学校　林静娴

一、课型

个训课。

二、学情分析

基本情况：李×函，男，9岁，智力障碍。

语言理解：能理解生活中常用的名词、动词；能理解简单句及部分复杂句；能结合具体生活情境理解较复杂的两步指令。

语言表达：有口语表达能力，能用口语表达自己的想法，但在表达时仅注意自己说，未能关注到别人是否在听。

沟通方式与效度：语言表达能力较好，但主要是单向沟通。

引起注意：在与人互动时，引起互动的方式较为单一，多为直接说出自己想要表达的内容，不懂得关注别人是否在听。

三、活动目标

1. 能使用手势动作引起他人注意，如拍、拉等。
2. 能使用声音加手势动作引起他人注意，如挥手+称呼。

四、准备材料

相关PPT。

五、活动过程

（一）问题导入：别人会注意不到我吗

1. 老师询问学生：当你跟别人说话的时候，别人有没有可能没注意到你？
2. 有哪些情况可能导致别人没注意到你？
（1）人多的时候，有很多人跟对方说话。
（2）对方正在忙手头上的事情。
（3）对方没有看到我。
……

3. 当你跟别人说话时，你想要别人看到你吗?

> **设计意图**
>
> 引导学生思考，他人在哪些情况下会注意不到自己，为什么要引起他人注意。

（二）主要活动：别人注意不到我的时候，我可以怎么做

1. 思考：我可以用什么方式引起别人的注意，让别人看到我?

学生发表自己的想法，老师点评并表扬。

> **设计意图**
>
> 让学生有思考的时间，促进其主动思考的能力。

2. 角色扮演：当别人注意不到我时，我可以怎么做? （老师示范）

（1）面对熟悉的人，我可以……

（2）面对不熟悉的人，我可以……

3. 请学生模仿，别人注意不到自己时，可以怎么做。

（1）可以用手轻拍对方手臂引起注意。

（2）可以站在对方面前挥手或举手。

（3）可以叫对方名字。

（4）可以用礼貌用语，如"你好，请问……"。

（5）可以提高自己的音量。

以上方法可以单独使用或结合使用。

> **设计意图**
>
> 老师先示范，然后再让学生模仿，体现教的过程。

六、注意事项

1. 如果学生能力较弱，不用做熟悉的人和不熟悉的人引起注意的不同方式，可以统一使用一种方式（挥手或"挥手+声音"）；具体的教授内容，可以根据学生能力做适当的调整。

2. 要在学生有沟通动机之后教授，如果学生没有沟通动机，则此目标不适合。要先激发学生的沟通动机，让学生有沟通的需求。

七、延伸活动

1. 观察学生是否能将个训课时教导的内容泛化到日常生活中。

2. 请班级老师或家长创设让学生应用课堂内容的情境，在学生有沟通需求时，老师或家长假装没有注意到学生，看学生如何引起他人注意。

3. 带学生去市场或小卖部等人多的地方，当学生要询问商品位置或询问价钱时，观察学生是如何引起不熟悉的人的注意的。

活动范例五：嘿，我找你

广州市番禺区培智学校　索芳蓉

一、课型

个训课。

二、学情分析

基本情况：黄×宇，男，7岁，智力障碍。

语言理解：能理解成人提出的正反式疑问句或选择疑问句，并根据实际情况正确作答。

语言表达：有口语，句长5～6个字；语音清晰度欠佳，音量小，熟悉的照顾者陪同时，能结合当下情境理解学生说出的词句，如"我要吃山楂片"。

沟通方式与效度：以口语表达及肢体动作、手势动作表达为主；较被动，当有需求时，需要他人主动提问，以肢体动作表达为主。

引起注意：常采用站着一动不动并沉默的方式引起别人的注意。通常情况下老师会关注到学生，并通过询问了解其需求。

三、活动目标

1.学生理解并正确指认引起他人注意的方式，如拍肩膀（或胳膊）、提高音量、提出要求。
2.当有需求时，学生能采用拍肩膀的形式引起他人注意。
3.当有需求时，学生能采用提高音量的形式引起他人注意。
4.当有需求时，学生能采用提出要求的形式引起他人注意。

四、准备材料

书，点读笔，抽屉钥匙，提示图。

五、活动过程

（一）老师直观示范：引起注意的三种方式

1.情境一：助教老师背对主教老师在书柜前看书，主教老师想请助教老师帮忙拿柜子顶上的一本书。

主教老师不说话，助教老师不理她。主教老师拍拍助教老师肩膀，助教老师转身回头，问清事由，帮助主教老师取下书。

小结：拍肩膀或胳膊，引起别人注意。主教老师展示提示图1，并请学生在三张图片中挑选正确的图片进行行为情境配对。

2. 情境二：助教老师背对主教老师在书柜前看书，主教老师想请助教老师帮忙拿柜子顶上的一本书。

主教老师轻声喊助教老师，助教老师没听到或听不清，不应答。

主教老师大声喊助教老师，助教老师转身回头，问清事由，帮助主教老师取下书。

小结：提高音量，大声叫人，引起别人注意。主教老师展示提示图2，并请学生在三张图片中挑选正确的图片进行行为情境配对。

3. 情境三：助教老师背对主教老师在书柜前看书，主教老师想请助教老师帮忙拿柜子顶上的一本书。

主教老师不说话，助教老师不理她。主教老师对助教老师说"请帮我拿本书"之类的请求语，助教老师转身回头，问清事由，帮助主教老师取下书。

小结：提出请求，可以引起别人注意。主教老师展示提示图3，并请学生在三张图片中挑选正确的图片进行行为情境配对。

📋 设计意图

1. 通过示范，直观形象地让学生了解引起他人注意的恰当方式。

2. 用小结和提示图，帮助学生对三种引起注意的方式加深理解和记忆。

（二）学生模仿操作，老师从旁指导

情景：学生想要玩锁在抽屉里的点读笔。

1. 借助图片提示，复习三种引起注意的方式。

主教老师指导学生逐一模仿使用三种方式引起助教老师注意，完成请求的沟通内容和目的，得到点读笔。

2. 学生每按主教老师要求模仿一次，就立即奖励他得到点读笔一次。

📋 设计意图

用模仿的方法指导学生操作体验练习，逐步掌握具体方法。

（三）创设情境，实践运用

1. 助教老师携抽屉钥匙到较远处，需学生大声喊"老师"或"我要点读笔"，助教老师才回应他。

2. 将几种学生喜欢的食物装在盒子里，摆在他面前，助教老师转过身背对学生。需要学生想办法引起助教老师注意并表达需求，从而获得想要的食物。

> **设计意图**
>
> 　　创造激发学生主动引起他人注意的情境，让其所学技能得以巩固运用。

六、注意事项

1. 学生每次按要求模仿后，老师马上配合回应，并立即予以增强。
2. 创设刺激学生主动引起他人注意，展开沟通的情境非常重要。
3. 教会学生具体可模仿、可操作的方法，是指导学生提升沟通能力的重要途径。

七、延伸活动

1. 在班级里练习引起注意的恰当方式，向老师、同学提出请求或要求。
2. 在家里练习引起注意的恰当方式，向家人提出请求或要求。
3. 在社区、超市等环境中练习引起注意的恰当方式，向工作人员提出请求或要求。

第五节　开启话题

导读

一、定义

人们交谈中信息的传递与接收，总是会围绕某个主题。儿童的交谈内容自然是与其语言能力的发展程度、生活经验、已建立的知识等因素有关。根据Keenan（基南）与Schieffelin（席费林）（1976）的界定，话题的开启涉及以下几项：①引起沟通对象的注意；②清楚的表达和说出沟通的信息；③指出谈论的物品或事件；④了解沟通主题的概念。

二、目标分解

1.引起沟通对象的注意：
（1）非口语方式：微笑、发出声音、操弄物品、手势及肢体动作。
（2）口语方式：叠词、单词、简单句、复杂句等。
2.指出谈论的物品或事件：
（1）指认或者说出谈论的物品。
（2）用简单的句子说出谈论的事件。
（3）用复杂的句子说出谈论的事件。
（4）用时间、地点、起因、经过、结果来说出谈论的事件的完整的过程。

三、训练建议

1.操作方面的建议：引起沟通对象的注意。
（1）从对学生有强化作用的教学活动开始教学。
（2）使用能引起学生动机或者使用学生喜好的物品作为教学用具或者主题。
2.活动方面的建议：指出谈论的物品或事件。
（1）老师的语言要简单、明确。
（2）要求学生将关键的字、词、句说出来。
（3）鼓励学生使用多元的沟通方式进行表达。
（4）老师要注重示范，多创设机会，鼓励学生之间进行互动。
（5）老师要多创设情境，让学生能在情境中练习。
（6）老师开展教学时，要采用结构型的句式和开放式的对话。
（7）可尝试使用戏剧教育的形式，让学生在角色扮演中练习。

活动范例一：我可以一起玩吗

广州市从化区启智学校 张桂香

一、课型

集体课。

二、学情分析

基本情况：四年级学生，年龄在10～12岁之间，共10名学生，均是男生。

A组学生1名，潘×祥（肢体残疾），认知能力好，熟悉生活常见物品。

B组学生5名，黄×铭（轻度智力障碍、语言障碍）、邹×宇（脑瘫伴有听力障碍）、陈×发（唐氏综合征）、何×杰（唐氏综合征）、李×庭（唐氏综合征），认知能力较好，能认识和说出生活中常见物品。

C组学生4名，邹×健（智力障碍、语言障碍）、罗×聪（孤独症，有语言）、李×锋（孤独症、精神障碍，有语言）、李×淏（孤独症，无语言），认知能力较弱，需要提醒和告知其物品名称。

语言理解：A组学生对声音有反应，会转向声源，能理解他人给予的口头或者手势指令，能理解各种词汇。B组学生对声音有反应，会转向声源；基本能理解日常用语，偶尔需要对方重复说或者手势提示；能理解部分词汇，能理解大量常用的动词，如跳、给、蹲、坐下、起立等。C组学生对声音有反应，会转向声源，但对环境中的声音理解不足；在熟悉的情境下，能理解简单带手势的指令，如给我、坐好等；对词汇理解的量较少，能理解常用的动词，如坐下、起立、喝水、过来等。

语言表达：A组学生语言发展达到同龄正常儿童水平，能主动与人沟通，能与周围人顺畅地进行交流。B组学生有口语能力，但发音不清晰，能发个别单音，如"a""w""ma"，需要引导才能说完整句子；基本能主动与人沟通，同时使用语言、手势动作和表情。C组学生中有口语能力的学生，能发个别单音，如"a""ma""yi"等，在引导下能仿说字词；无口语能力的学生，能发"a"，在外人的协助下能做手势。邹×健能主动以语言和手势动作与人沟通，其他3名学生沟通意愿被动，基本采用表情、手势动作、发脾气、哭闹等方式进行沟通。

沟通方式与效度：A组学生沟通意愿主动，能使用语言、表情、手势动作等方式进行沟通，效度较好。B组学生中邹×宇、陈×发、李×庭的沟通意愿主动，黄×铭、何×杰沟通意愿一般，通常在需求时才沟通，较被动。他们能使用语言、表情、手势动作等方式进行沟通，效度一般。C组学生沟通意愿被动，通常使用表情、手势、动作等方式，不会运用语言进行沟通，沟通效度较差。

开启话题：A组学生日常能主动找老师、同学或学校中的其他人聊天，能开启各种话题，如"我周末跟爸爸一起出车""这个小狗玩具很好玩，我们一起玩吧"。B组学生邹×宇、陈×发、李×庭在日常能主动找老师、同学或学校的其他人聊天，开启话题能力一般，如使用"我想要""我喜欢"来开启话题；黄×铭、何×杰偶尔会告知老师他们感兴趣或需求的东西，如"这是恐龙，我喜欢恐龙""我想喝水"等。C组学生不会开启话题。

三、活动目标

1. A组学生能在集体活动中，用语言对他人说："你在做什么？""我在玩××。""我可以和你一起玩吗？"

2. B组学生能在集体活动中，在老师的引导下用语言一字一词对他人说："我——可以——和——你——玩——吗？"

3. C组学生能在集体活动中遵守规则，把图片给他人以表达自己想要的物品，有语言能力的仿说"我——要——玩……"。

四、材料准备

白板，PPT，图片，玩具。

五、活动过程

（一）以《你好歌》为导入，与学生互动

老师在学生正面，其余学生以老师为圆心围成半圆（见图2-6），老师挥手与学生打招呼并说："你好！"

图 2-6　座位图

📓 **设计意图**

> 用儿歌打招呼互动的游戏引发学生对老师的关注，增加学生主动看老师及参与活动的兴趣，活跃课堂气氛。

老师：同学们，我们打完招呼后可以和同学说些什么呢？这节课我们来学习"如何与人开启话题"。主要有以下三个流程：

第一，看图说话。我们通过看图片，学习问话"我可以和你玩……吗"，学习如何告诉别人你在做的事情。

第二，学习在游戏时间征求他人意见，学习说："我可以和你玩……吗？"

第三，通过角色扮演游戏来练习开启话题的句子。

📓 **设计意图**

预告本节课流程，让学生知道自己本节课要学习什么。

（二）看一看，说一说，演一演

1. 小熊和它的朋友小强。

展示PPT：小熊在河边走的时候遇到小强，小强正在河边钓鱼。

老师：我们听一下他们说了什么。（点击音频）

小熊：小强，你好！我可以和你一起钓鱼吗？

小强：可以！

（1）学生练习问话，B组由老师引导回答。C组学习说"可以"。

（2）A组和C组学生组成一队（助教老师协助），与B组进行对话练习。

📓 **设计意图**

通过听、说、演的方式，激发学生对开启话题的兴趣，重复播放音频，让学生熟知如何问话、回答。根据每个学生当前能力设计练习，让学生学会开启话题的问句"我可以和你一起……吗"以及学会应答"可以"。

2. 播放视频：小猪在玩跳泥坑，它的弟弟走过去看它玩……

老师：我们刚才看了视频，你们猜猜弟弟会问什么。

A组或B组学生回答。

老师揭晓答案（播放视频）："姐姐，我可以和你一起玩跳泥坑吗？"表扬回答正确的学生。

B组、C组由老师引导回答。

老师再次播放视频："姐姐，我可以和你一起玩跳泥坑吗？"

老师：大家回答得非常好。我们看看视频，谁来说说姐姐在做什么呢？

由A组和B组学生回答。

学生模仿跳泥坑的动作，抽取各组部分学生演示，A组和B组直接演示，C组模仿动作。

📓 **设计意图**

此环节更多地让学生自己通过设置疑问，看图说话、看视频模仿动作，既增加了趣味性，又无形中增加了练习次数。同时扩大了学生参与的范围，让每个学生都能参与到本次活动中。

（三）场景演习

学生分组坐好，老师把积木、轻黏土给学生玩。

1. 引导学生练习对话。

学生A：你在做什么？

学生B：我在玩积木。

学生A：我可以和你一起玩积木吗？

学生B：可以。

2. 老师引导C组学生展示玩具图片，并说"我——要——玩……"。

📋 **设计意图**

　　真实场景演习，巩固学生本节课的学习内容，提醒学生在生活中注意使用开启话题的方式，同时培养学生开启话题的习惯。

六、注意事项

1. 学生主动开启话题时要及时回应。

2. 要使用奖励，强化学生主动开口的行为。

3. 注意观察学生对设计的场景是否感兴趣，根据课堂效果及时作出调整。

七、延伸活动

1. 学校课间活动中可以开启的话题：

（1）课间活动想参与其他同学的游戏。

（2）课间活动想听自己喜欢听的歌。

2. 家庭活动中可以开启的话题：

（1）家庭生活中和家人在看电视，可以向家人提议一起看自己想看的电视节目。

（2）与家人相处时，可以用图卡表达自己想要的物品。

活动范例二："什么"和"哪里"

广州市越秀区启智学校　蒋中来

一、课型

个训课。

二、学情分析

基本情况：李×烨，男，10岁，智力障碍。

语言理解：能理解含疑问词（什么、什么时候、哪里、怎么办、为什么）的疑问句；能理解复杂句，如"先……然后……最后""如果……就……""当……就……"；能理解大概30字的短篇故事，并回答部分问题。

语言表达：较常使用简单句表达需求、告知信息等，偶尔使用含形容词的复杂句。

沟通方式与效度：沟通意愿主动，能使用表情、手势动作、口语等方式进行沟通，沟通效度较好。

开启话题：能主动找老师、同学或学校的保安叔叔等聊天，但学生开启话题的能力较弱，经常用"你好漂亮啊""我喜欢你"来开启对话。

三、活动目标

1. 能使用疑问句"……什么"开启话题。
2. 能使用疑问句"……哪里"开启话题。

四、材料准备

图片，白板，笔。

五、活动过程

（一）看图说话

1. 老师拿出四格漫画，请学生说一说图中的内容。

2. 老师拿出提示卡"什么""哪里"，请学生从这两方面完善看图说话的内容，老师对学生描述的内容进行整理。

3. 小结：我们说话的时候，可以多向他人介绍有关"什么""哪里"的内容。

📝 **设计意图**

> 通过看图帮助学生回顾疑问词"什么""哪里"，联系旧的知识引出新授内容。

（二）聊一聊

1. 老师主动询问学生"你早餐吃了什么"，聊天过程中可展示相关图片并将关键字词记录在白板上。

2. 老师询问学生最近要开运动会了，打算参加什么项目呢，学生喜欢的运动是什么，平时都去哪做运动。

3. 老师夸奖学生今天的衣服真好看，询问在哪里买的，和谁一起去买的。

4. 老师询问学生周末去哪里玩了，怎么去的，和谁一起去的，看到了什么。

5. 小结：老师刚刚和你聊得很开心，也了解到我想知道的问题，以后当你和其他人聊天时也可以用提问"什么""哪里"的方式进行。

📝 **设计意图**

> 老师示范并帮学生列出可以谈论的话题及使用的句式有哪些。

（三）练一练

1. 老师请学生看白板，回顾刚刚都聊了些什么，询问学生是否开心。

2. 根据这些话题，请学生按照关键词逐个来问一问老师。

📝 **设计意图**

> 通过练习，学生与老师互换角色，由学生进行提问，巩固所学内容。

（四）情境运用

创设情境，请助教老师来个训室假装拿东西，主教老师请他坐下，请学生就刚刚问过的问题再问助教老师，并从旁提示。

📝 **设计意图**

> 创设情境，选择与学生最为熟悉的班级老师，事先与班级老师沟通请其在特定的时间进入个训室，由此通过换不同的沟通对象帮助学生进行泛化。在学生与助教老师聊天时，主教老师作为示范者示范用"……什么""……哪里"的疑问句开启话题，并从旁辅助。

（五）复习小结

请学生说一说，可以用什么方法和人开启话题。

 设计意图

> 通过小结帮助学生复习本节课的内容。

六、注意事项

1. 给予学生思考的时间，当学生将要出现错误反应时，助教老师及时进行辅助，用示范或小声提示的方式纠正学生的句式表达。

2. 日常注意让学生进行话题素材的积累，如可以让学生把自己每天做的事拍下来或写几句简单的话，可先从学生的衣食住行入手，丰富学生的话题内容。

3. 学生的沟通对象可以先从老师开始，再到常接触的人，最后可以是学生生活的社区中的人。作为学生最初的沟通对象，要积极回应学生，增强学生的成就感，并鼓励学生多说。

4. 老师辅助学生，引导学生所聊的话题符合场合以及对话人的年龄。

七、延伸活动

1. 先和固定的人进行开启话题的训练，再扩大到其他人。帮助学生扩大他的交际圈，也可根据学生的能力，结合通信软件，扩充学生沟通交际的范围。

2. 通过电视、网络、书籍等扩充学生的知识面，让学生有话题可聊。

活动范例三：开心周末

广州市越秀区启智学校　彭飞

一、课型

小组训练课。

二、学情分析

基本情况：小叶，男，9岁，智力障碍；小露，女，9岁，智力障碍；小德，男，8岁，智力障碍。

语言理解：能理解简单的故事。

语言表达：能用简单句进行表达，但不能完整叙述事件。

沟通方式与效度：沟通意愿较为主动，能使用口语、表情、手势动作等方式进行沟通。

开启话题：日常活动中，需要老师提问，学生才会用简单句回答；能用简单句描述照片或情景"×××在做什么"；能主动表达"老师，我要……"，但很少开启话题进行聊天。

三、活动目标

能用自己身边物品、事件开启话题：

1. 能用简单问句"请问……"（或"这是……"）开启话题。

2. 能用简单陈述句"我有/买了/带了……"开启话题。

四、准备材料

玩具（积木、球、小汽车、拼板），食物（橘子、葡萄、饼干、QQ糖），照片（学生自己的生活照），帽子，丝巾，蝴蝶夹，快餐食品模型，等等。

五、活动过程

（一）送快递

快递员（小叶）送快递（重复2次）。

老师：请把这份礼物送给58号小露。

小叶：好的。

叮叮当当——单车响。

小叶：你好！

小德：你好！

小叶：请问58号怎么走？

小德：往东边走。

小叶：谢谢。

咚咚咚——小叶敲门。

小露：谁呀？

小叶：是小露吗？

小露：是的。

小叶：你的快递。

小露：谢谢！

小叶：再见！

📝 **设计意图**

> 1. 通过复习问路活动，提升沟通互动能力，引起别人的注意，有礼貌地打招呼，表达需求。
> 2. 情境模拟学习，学生容易掌握。

（二）我们一起……

1. 活动A。

小叶在玩具箱里找到小汽车（或积木、球、拼板）。

小德坐在桌边玩，小叶拿着小汽车走过来，招手。

小叶：小德！

小德：小叶！

小叶：看，我有一辆小汽车。

小德：小汽车很漂亮。（使用老师设定句型"×××很漂亮"或"×××很好玩"）。

小叶：我们一起玩吧。

角色互换，重复练习。

2. 活动B。

小露去超市买了饼干（或葡萄、橘子）。

小德坐在桌边玩，小露拿着一盒饼干走过来，招手。

小露：小德！

小德：小露！

小露：我买了一盒饼干。

小德：这种饼干很好吃。（使用老师设定句型"×××很好吃"）。

小露：我们一起吃吧。

角色互换，重复练习。

📓 **设计意图**

> 日常生活中老师提问后，学生会用 "我有/买了……" 的句式回答。在活动中，练习运用这些句式，有助于学生掌握。

（三）星期六在××快餐店

1.活动A。

小叶：姐姐，请问××快餐店怎么走？

姐姐A：去那边坐电梯，上7楼。

小叶：姐姐！请问电梯怎么走？

姐姐B：对面就是。

小德：姐姐！请问电梯怎么走？

姐姐A：前面就是。

小德：姐姐！请问××快餐店怎么走？

姐姐B：前面走过去就是。

小结：老师拍照，引导学生说"今天是星期六，我去吃××快餐"。

2.活动B。

小叶：姐姐！我要买儿童套餐。

姐姐：你好！这是你的儿童套餐。

小叶：谢谢！

小德：姐姐！我要买薯条。

姐姐：你好！这是你的薯条。

小德：谢谢！

小结：老师拍照，引导学生说"今天，我买了……"。

3.活动C。

小露、小叶坐在桌边，小德走过来。

小德：小露、小叶，我买了薯条。

小露：我喜欢吃薯条。

小叶：我也喜欢吃薯条。

小德：我们一起吃吧。

（小叶的儿童套餐里送了积木玩具）

小露、小德坐在桌边，小叶走过来。

小叶：小露、小德，看，我有积木。

小露、小德：积木很好玩。

小叶：我们一起玩吧。

小结：老师拍照，引导学生说"今天，我们一起玩了……"。

📖 **设计意图**

> 分享活动中，学生从刚刚经历的活动谈起，巩固了维持话题的知识。
>
> 活动中，学生练习如何用简单的句式开启话题。"请问……怎么走"是学生已经掌握的，
> ××快餐店是学生喜欢去的地方，通过问路、买东西，让学生学会主动去与人沟通。
>
> 分享活动中，学生从自己喜欢的物品开始分享，有利于话题的展开。

六、注意事项

1. 活动中，老师先做简单示范。

2. 对话句式相对简单固定。

3. 让学生自己选择喜欢的玩具。

4. 对话时，老师先做回应者。

5. 每个小环节重复练习，角色可由学生自己选择。

6. 活动后，老师小结、拍照。

七、延伸活动

1. 活动A。

小露：小叶，你好！

小叶：小露，你好！我带了一个蝴蝶夹（或丝巾、帽子）。

小露：蝴蝶夹真漂亮！

小叶：送给你！

小露：谢谢！

角色互换，重复练习。

小结：老师拍照，问小叶今天做了什么，小叶回应"今天，我送给小露一个蝴蝶夹"。

2. 活动B。

小露、小德坐在桌边，小叶走过来。

小叶：小露、小德，我带了我的照片。

小露、小德：我们一起看吧。

小露、小德、小叶一起看照片。

小德：这是哪里？

小叶：这是东湖公园。

小露：我也去过东湖公园。

小结：大家拍的照片都很棒，看得很开心。老师拍照。

3.活动C。

（1）学生拿着自己的照片，告诉老师或同学：

"今天，我去了……"

"今天，我买了……"

"今天，我和×××一起，玩了……"

（2）表达自己的感受："我很开心"。

4.活动D。

学生和同班同学或和爸爸妈妈一起去××快餐店。

用句式"请问……""我想要……""我有/买了/带了……"进行表达。

八、评价与反思

（一）评价

1.让学生在具体情境中对话，学生容易掌握。

2.引导学生用结构型的句式、开放式的对话，这样学生容易掌握如何维持对话。

3.活动中，老师先示范，鼓励学生之间进行互动。

4.在班级或家里的延伸活动也很重要，让学生能够自如地运用到实践中，以提升学生维持话题的能力。

（二）反思

1.运用戏剧活动的形式，让学生在具体情境中对话，这样学生容易掌握。

2.引导学生用结构型的句式、开放式的对话，这样学生容易掌握如何开启对话。

3.话题的内容，以学生自己喜欢的或身边的物品、熟知的事情开始，学生容易进行表述。

4.活动中，老师先示范，鼓励学生之间进行互动。

5.在不同场景中，反复运用句式，达到泛化的效果。

6.鼓励学生用多元的沟通方式进行表达。固定的句式，对于一些构音不清的学生，可以用点读笔练习。

7.开启话题需要有前备能力：

（1）引起注意的动机。

（2）恰当的行为方式，如挥手、声音、语言、表情等。

（3）能够对物品或事件进行简单描述（词语、句子）。

（4）对沟通对象有一定的认知。

8.小环节活动后，老师进行小结、拍照，为下阶段开启话题做准备——能够用环境中未有的事情开启话题。

9.在班级或家里的延伸活动也很重要，让学生能够自如地运用到实践中，以提升学生开启话题的能力。

活动范例四：我喜欢……，你呢

广州市白云区云翔学校　钟柳华

一、课型

个训课。

二、学情分析

基本情况：江×楠，女，12岁，智力障碍、语言障碍。

语言理解：对自己的名字反应较好，能用声音或动作回应；能理解环境中的声音，如上课铃声、大课间音乐等；能理解并指认常见的具体事物；能理解简单的常用的抽象词汇（颜色、形状、数前、心理形容词）；能理解否定句，可正确响应简单的疑问句。

语言表达：已经掌握较多的词汇，名词和动词的量基本可满足日常生活所需；在熟悉的情境中，也能用常用的简单句表达需求，如"我要球"；存在构音障碍，发音不清晰，在沟通互动中容易引发歧义，需要结合实际情境加以解读；在日常学习生活中，习惯用单字、词语表达。

沟通方式与效度：习惯使用手势动作加口语的方式表达需求和传递信息，具备较强的沟通意愿。

开启话题：会主动找老师聊天，但话题比较单一，在与老师的沟通中，会主动用词汇回应老师，能维持较为简短（3～4个回合）的对话。

三、活动目标

能用简单句式"我喜欢……你呢"开启话题。

四、材料准备

图片，文字，铅笔。

五、活动过程

（一）导入活动

1. 上课仪式：上课起立，师生互相问好。

2. 师生一起确认今天的课程。老师说："现在是下午的第二节课——语训课，双手准备。"学生拍手两下，如拍错需重来。

3. 热身活动：歌曲律动《童年》，让学生进入上课的状态。

📓 设计意图

确认当下的课程让学生对今天的学习有初步的感知。歌曲律动让学生可以进入上课的状态，引出接下来的学习内容。

（二）发展活动

1. 老师告诉学生："今天我们要玩一个好玩的游戏叫'我喜欢……，你呢'。"

2. 老师拿出一份表格，上面有图片和文字，是学生平时喜欢的食物或活动。老师告诉学生游戏的规则：一个人看着表格，先说"我喜欢……，你呢"，并且在表格上对应的内容处打钩，然后另一个人也看表格，说"我喜欢……，你呢"，也在表格上对应的内容处打钩。一直轮流发问，直到完成这份表格。

3. 老师确认学生是否明白游戏规则，如果明白可以开始游戏，否则再次解释。

📓 设计意图

设计一个游戏让学生在游戏过程中学习句式，学习过程有乐趣，学生更乐意去学习。

（三）综合活动

1. 游戏开始了，老师先做示范，让学生跟着模仿。"我喜欢打篮球，你呢"，老师说完并且打钩后，让学生跟着说"我喜欢……，你呢"并且打钩。

2. 刚开始的几个回合，老师可能需要提醒学生使用句式"我喜欢……，你呢"，如果学生没有正确表达，则游戏暂停，直到学生说出正确的句式。几个回合下来后，观察学生是否掌握了这个句式。

📓 设计意图

使用能够引起学生动机或者学生喜欢的物品作为教学用具或内容。

（四）小结

1. 游戏结束了，老师对学生的表现进行评价、表扬、奖励。
2. 下课，互道再见。

六、注意事项

1. 游戏开始后，学生要说出正确的句式才能继续游戏，如果说错了或者没有说，就要暂停。
2. 在练习过程中，老师要观察学生是否使用正确的句式，如果说错了，老师要及时纠正。

七、延伸活动

1. 日常生活中选择学生喜欢的、熟悉的话题和学生聊天。
2. 在学校或者在家中，要在自然情境中引导学生开启话题。
3. 在学校或者在家中，也可以创设情境或者游戏引导学生开启话题。

活动范例五：我会寒暄

广州市天河区启慧学校　曾洁欣

一、课型

个训课。

二、学情分析

基本情况：陈×莹，女，11岁，智力障碍。

语言理解：能理解简单句及常见复杂句，能理解并完成常见两步指令，能理解常用否定句、祈使句，如"请你不要玩凳子"等。

语言表达：能表达常见简单句，但常常因为亢奋说出与情境不符的话；常由于性格急躁不能清晰表达个人意图，会一直发出无关音节或词语，如"呃……""那个……"。

沟通方式与效度：情绪平稳时能使用简单句与人沟通，但常出现音量突然降低到对话者无法听清的情况；在说到个人感兴趣的话题时，会因为过度亢奋说出意思不明的话语，让别人无法理解。

开启话题：学生较少有主动开启话题的行为，但在他人主动发起会话时能使用短语或简单句加以回应；常以他人发起话题为主，偶尔会发起与情境不符的话题，需反复询问才能表达清楚。

三、活动目标

1. 学生能开启话题，正确说出至少三句问句。
2. 学生能模仿视频，开启以兴趣为主题的对话。

四、准备材料

平板电脑，视频《我会问问题》，食物，绘本及代币"你真棒"等。

五、活动过程

（一）《我会问问题》视频导入

1. 观看视频后，老师告知学生，想了解某个学生正在做（吃）什么，可以问："你在做（吃）什么？"
2. 邀请学生复述，并给予回答："我在跟你做游戏。"
3. 老师假装吃东西，挡住食物，说"好好吃啊"，故意吸引学生注意。

4. 给予学生5秒的观察时间，若学生无反应，则询问学生："你想知道我在吃什么吗？"

5. 引导学生思考："你记得视频中，××同学是怎么问××同学吃什么的吗？"他会说："你在吃什么？"

6. 邀请学生复述，并告知学生，接下来会请学生问老师在吃什么。

设计意图

1. 使用视频导入能吸引学生的注意。

2. 学生能在老师提示后知道可以通过问问题的方式了解其他人在做（吃）什么。

（二）再次播放《我会问问题》视频

1. 老师通过讲故事的方式，告知学生可通过问问题来了解别人，例如想知道别人在做什么，可以问："你在做什么？"

2. 老师就视频提出问题："请问，如果你想知道爸爸在做什么，你可以怎么问问题？"等待学生回应后，对学生问问题的方式进行分析，并及时强化。

3. 老师继续提出问题：

如果你想知道妈妈什么时候下班，应该怎么问？

如果你想知道同学喜欢看什么绘本，应该怎么问？

如果你想知道同学喜欢吃什么零食，应该怎么问？

如果你想跟××同学一起玩积木，应该怎么问？

如果你想知道老师周末有什么活动，应该怎么问？

老师在前两个问题中适当给予示范及说明，待学生回答后，对学生的问题进行评价及纠正，引导学生复述。

设计意图

结合视频讲解，便于学生理解问问题的作用。

（三）情境模拟

1. 对开启话题的方式进行简单复习。

2. 邀请班级一名学生配合进行情境模拟。

设计意图

结合实际，帮助学生理解如何开启话题，以及了解在日常生活的什么情境中，可通过问问题的方式来开启话题，将课堂所学知识泛化到日常生活中。

六、注意事项

1. 给予学生反应的时间。

2. 及时强化。

3. 结合实际情境。

七、延伸活动

1. 可在学校生活的常见场景中进行"开启话题"训练，例如：

（1）课间时，多与学生进行以生活为主要话题的沟通，老师故意引起学生反应后，等待学生开启话题。

（2）课间时，制造机会让学生与其他同学相处，共同完成简单的任务及设置学生间常用的话题，如做作业、打水、上厕所等，引发学生开启话题的行为。

2. 课间玩玩具、分享零食等及时引导学生主动表达，例如：

（1）课间在学生共同游戏时，引导学生表达"请问，我可以一起玩吗/坐在你旁边吗"等，在得到回应后再让学生加入游戏。

（2）分享零食时，可引导学生表达"请问你要吃/喝××吗"，在得到回应后再进行零食分享等。

活动范例六：我会开启话题

广州市番禺区启智学校　刘秀花

一、课型

小组课。

二、学情分析

基本情况：刘××，女，8岁，智力障碍，教学伙伴角色；梁××，男，8岁，智力障碍；陈××，男，7岁，孤独症。

语言理解：三个学生能理解生活中大部分指令，刘同学能听懂常用简单句和一般疑问句，梁同学、陈同学能听懂部分简单句和一般疑问句。

语言表达：刘同学能表达7～8个字的句子，能被他人理解；梁同学、陈同学表达以词语为主，能仿说5～6个字的句子，梁同学表达清晰度不高，能回应，陈同学在提示下能回应。

沟通方式与效度：刘同学有积极沟通的意愿，主要沟通方式是口语，能与人沟通；梁同学与陈同学沟通意愿被动，能使用手势动作、口语等方式进行沟通。

开启话题：刘同学能开启话题，喜欢与人沟通；梁同学与陈同学不知道如何开启话题。

三、活动目标

（一）刘同学（教学伙伴角色）

1. 能用句式"我做什么""我喜欢吃（玩）什么""什么怎么样"跟人开启话题，分享自己经历的事情。

2. 能陈述别人的兴趣爱好。

（二）梁同学、陈同学

在情境中能用短句或词语开启话题，分享自己经历的事情。

四、材料准备

八宝箱，照片，零食，印章，印章表。

五、活动过程

（一）激趣导入

1. 展示八宝箱（里面装有学生喜欢的零食）。

2. 展示印章表：看照片介绍，介绍一点奖励一个印章，一个印章换一个零食。

3. 展示学生在饭堂吃饭的照片。

引导用句式"我吃什么""我喜欢吃什么""什么真好吃"等开启话题。

设计意图

　　八宝箱里的零食可以激起学生开启话题的动机，所以零食的选择非常关键，必须是学生喜欢吃的。同时通过三个学生在饭堂吃饭的照片进行句式的复习，为下面看自己照片开启话题做好必要的铺垫。

（二）主体活动

1. 吃水果的照片（三张照片，分别是三个学生吃水果的照片）。

（1）抽到谁的照片，就请谁说。（安排先抽出刘同学的照片，做示范）

（2）学生表达："我吃什么""我喜欢吃什么""什么真好吃"。（如学生无法开启话题，老师可用"你吃什么"或手指照片等方式提示）

（3）大家一起说。

2. 游乐场玩的照片（三张照片，分别是三个学生在游乐场玩的照片）。

安排先抽出刘同学的照片，做示范："我做什么""我喜欢玩什么""什么真好玩"。

3. 请学生选择零食。

（1）大家一起计算印章数，看谁的印章最多。

（2）印章最多的同学先选择零食。

表达："我吃什么""我喜欢吃什么""什么真好吃"。

设计意图

　　从学生自己玩的、吃的入手，有利于话题的开启，同时安排能力好的学生先做示范，然后大家一起说，多次练习，有利于学生对句式的掌握与话题的开启。

（三）整理活动

1. 大家一起享用零食，自由谈话。

2. 小结本节课内容：我们可以跟他人介绍自己做的事情，喜欢吃什么，玩什么，什么好吃，什么好玩。

📓**设计意图**

享用零食环节，自由轻松，有意识引导学生开启话题，把课堂教学自然泛化到生活中。

六、注意事项

1. 零食必须是学生喜欢吃的，学生参与的动机才会强烈。

2. 选用的照片要注意尽量避免相同内容，如刘同学吃香蕉、陈同学吃葡萄、梁同学吃苹果。

3. 复习相关句式让学生容易开启话题，有话可说。

4. 每次的话题开启让刘同学（教学伙伴角色）先说，充分发挥刘同学的示范作用，从而带动其他学生分享交流自己经历的事情，学会开启话题。

七、延伸活动

1. 开启话题活动可以融入班级的日常活动中，例如：

（1）课间时，可以跟老师或同学表达自己喜欢玩什么玩具。

（2）午点时，可以跟老师或同学表达自己喜欢吃什么点心。

（3）去沙池时，可以跟老师或同学表达自己想玩什么。

（4）音乐课时，可以跟老师或同学表达自己喜欢什么乐器。

2. 开启话题活动可以融入家庭的日常活动中，例如：

（1）吃饭时，可以跟家人表达自己喜欢吃什么。

（2）去游乐场玩，可以跟家人表达自己想玩什么。

（3）看电视节目时，可以跟家人表达自己想看什么节目。

第六节 情绪识别

导读

一、定义

情绪识别是指个体在分析表情以及表情发生的情境等诸多因素的基础上，了解表情的性质及其背后所包含的意义。情绪识别是幼儿认知发展和社会化过程中的重要组成部分，利用情绪的组织、适应、信号和动机功能，幼儿能够快而准地对自己和他人的情绪进行观察、分析、判断和推理，使得自己能够参与到社会交往中，并做出相应的反应。情绪识别研究的内容包括面部表情、语音语调、心率、行为、文本和生理信号识别等方面，通过以上内容来判断个体的情绪状态。

本主题中的情绪识别主要包括对面部表情和语音语调的识别。其中，基本情绪包括快乐、愤怒、悲伤、恐惧；进阶情绪包括惊奇、疲倦、傻笑或搞笑等；高阶情绪包括紧张、刺激、烦闷、担心、妒忌、尴尬、迷惘等。

二、目标分解

1. 命名他人的基本情绪：
（1）可识别他人快乐的情绪。
（2）可识别他人愤怒的情绪。
（3）可识别他人悲伤的情绪。
（4）可识别他人恐惧的情绪。

2. 表达性命名他人的基本情绪：
（1）可识别他人快乐情绪并用语言命名。
（2）可识别他人愤怒情绪并用语言命名。
（3）可识别他人悲伤情绪并用语言命名。
（4）可识别他人恐惧情绪并用语言命名。

3. 理解他人脸部线索：
（1）根据快乐的表情或语音语调，说明脸部特征。
（2）根据愤怒的表情或语音语调，说明脸部特征。
（3）根据悲伤的表情或语音语调，说明脸部特征。
（4）根据恐惧的表情或语音语调，说明脸部特征。

4. 识别他人的复杂情绪：
（1）能识别他人焦虑的情绪。
（2）能识别他人害羞的情绪。

（3）能识别他人轻蔑的情绪。

（4）能识别他人自豪的情绪。

（5）能在多种复杂表情中，识别正确的表情。

5. 根据情境，识别自身情绪状态及其变化。

6. 根据情境，识别他人情绪状态及其变化。

7. 理解他人出现某种情绪的原因。

三、训练建议

1. 训练的顺序：配对—分类—指认—命名—运用。

2. 可以运用真人、照片、视频等素材帮助学生识别基本情绪的面部表情。

3. 组织家庭成员或者一些同伴一起做关于情绪的角色扮演游戏。

4. 家长可以和孩子一起用杂志或者图书中的面部表情制作表情画册。

5. 在生活中给学生示范情绪词语的使用。

6. 使用假装游戏帮助学生实现某种特定反应的泛化。

活动范例一：开心还是难过

广州市越秀区启智学校　林静娴

一、课型

个训课。

二、学情分析

基本情况：李×原，男，9岁，智力障碍。

语言理解：能理解日常指令，能理解简单句；能理解含形容词的复杂句；能理解部分含连接词的复杂句，如"先……再……""不要……要……"。

语言表达：能说出短语及简单句子，能与人进行简单沟通交流。

沟通方式与效度：沟通意愿一般；能使用语言、表情、手势动作等方式进行沟通；沟通功能有表达需求、表示拒绝、回应他人问题等。

情绪识别：能根据要求指认开心或难过的表情，但对于情境中他人情绪的解读较为困难，无法根据事件判断他人的情绪是开心还是难过。

三、活动目标

1. 能识别开心的情绪。
2. 能识别难过的情绪。

四、材料准备

各种情绪卡片。

五、活动过程

（一）情境视频引入

1. 老师播放视频。

视频1：小明想吃雪糕，妈妈买雪糕给他吃，小明很高兴。

视频2：小红想吃雪糕，妈妈不买给她吃，小红伤心得哭了。

2. 询问学生。

老师：视频里发生了什么事？小明、小红是哭了还是笑了，为什么呢？

📝 **设计意图**

用同一事件的不同情绪，引发学生注意不同的情绪，初步对情绪产生认知。

（二）情绪连连看

1. 老师展示不同人（如男孩、女孩、叔叔、阿姨等）的情绪卡片。

2. 逐一讲解不同的人（如男孩、女孩、叔叔、阿姨等）的相同情绪（开心或难过）。

3. 描述不同情绪的面部表情：

开心时，眼睛弯弯的，嘴角向上扬，有笑的表情。

难过时，眉头锁紧，嘴角向下。

4. 桌面上呈现4～6张卡片（两张开心、两张难过），请学生将开心的表情用线连在一起。

（1）2张相同的人的开心或难过的表情。

（2）2张不同的人的开心或难过的表情。

（3）3张不同的人的开心或难过的表情。

📝 **设计意图**

1. 采用不同人的表情，让学生从不同的开心的表情中找到相似点。

2. 三个层次逐层递进增加难度，从同物同形的表情配对到同物异形的表情配对。

（三）我给表情照照相

1. 桌面摆放不同表情的图片，并给学生一个模拟相机的相框图片。

2. 当老师说到某一表情时，学生把相框图片放到该表情上，假装照相。

（1）单一表情描述：开心、难过。

（2）人物+表情描述：弟弟开心、姐姐难过。

📝 **设计意图**

提升学生辨认表情的难度，从表情配对升级为表情指认。

（四）他会开心还是难过

老师逐一呈现情境，并询问学生：在下列情境中，小朋友会有什么情绪？

1. 想要吃棒棒糖，奶奶买给我吃。

2. 看自己喜欢看的动画片。

3. 去游乐场玩喜欢的旋转木马。

4. 喜欢的玩具坏了。

5. 跑步时摔倒了，脚好痛。

6. 妈妈不给我吃零食。

设计意图

请学生将不同的情绪，与不同的情境对应起来，了解情绪的含义。

六、注意事项

1. 进行情绪教学时，需要有不同人物的情绪类化，避免学生只是记住某一个人的单一表情。同一表情用不同的人物展示，同一人物展示不同的表情。

2. 在教导情绪辨别时，可以先单一教导某一情绪，再单一教导另一种情绪，然后两种情绪混合在一起进行辨别。

3. 教导情绪辨别时，可以从简单的情绪开始教，如开心、难过，再教生气、害怕等。

4. 对于同一种情绪，如开心，开始时先用相同的词语命名，当学生熟悉之后，可以换成同义词，如高兴。

七、延伸活动

1. 可以采用照镜子的形式，让学生模拟不同的表情。

2. 自然情境教学对情绪识别有较为直接的影响，当学生自己有情绪体验时，老师或家长要及时帮学生做当下情绪的命名，让学生感受到这种情绪状态与情绪名称之间的联结。当在真实情境中，其他同学有情绪时，也可以帮其做旁白描述，并让他了解情绪的因果关系。

3. 家长或老师可以收集学生平时的照片，如开心时的照片、难过时的照片，用于课堂教学及巩固训练。

活动范例二：情绪大变脸

广州市海珠区启能学校　李欣仪

一、课型

个训课。

二、学情分析

基本情况：徐×恩，男，7岁，智力障碍。

语言理解：能理解常见的词汇和用语、常见物品功能；有一定的读图能力，能理解照片、图画；能理解及表达大小、形状、颜色等；能理解简单的故事情节；未能理解较复杂的逻辑关系，如起因或经过。

语言表达：有一定的口语表达能力，会说功能性词汇、短句；能自己配合情境变化说简单句，日常活动能就具体话题和物品进行简单回应。

沟通方式与效度：沟通方式为使用口语，沟通功能主要为表达需求、表达情绪，在有意愿的情况下可传递简单信息；沟通意图一般，缺乏主动沟通；沟通效度较好，大部分能被理解。

情绪识别：对他人的情绪能明显关注，但会用不恰当的方式去互动，如见到别人哭会拍打对方；对于自己的情绪，能简单区分哭和笑。

三、活动目标

1.通过辨别几种常见的面部表情去感知、判断人的良好与不良情绪。

2.在观察、感知、辨认、判断活动中提高观察力和情绪识别力。

四、材料准备

6个表情面具（大笑、微笑、生气、哭泣、愤怒、害怕），《健康歌》《幸福拍手歌》音频。

五、活动过程

（一）上课常规

1.与班级老师说再见后，跟随老师到指定课室上课。

2.听上课音乐模仿老师拍手动作，与老师互相问好。

3.预告本节课的内容：

（1）热身活动。

（2）玩游戏——情绪大变脸。

（3）奖励时间。

（二）主要活动

1. 热身活动。

（1）播放儿歌视频："人人身上一大宝，既会哭来又会笑。生起气来眉上翘，高兴起来哈哈笑。"

（2）看完一遍视频后，向学生提问看到了什么，引导学生说出"脸""眼睛"等。

📋 **设计意图**

> 1. 通过儿歌视频，引起学生的兴趣，激发学生对面部表情的兴趣。
>
> 2. 通过提问和回答，引导学生注意到本节课的学习内容与表情有关。

2. 情绪大变脸——辨别面部表情。

（1）向学生提问："请问你见过哪些表情的脸？"启发学生联系自己的生活经验，并根据学生的回答出示相应的表情（笑、哭、生气）面具。

（2）为什么会出现这些不同表情的脸？

（3）老师小结："脸"真是一位大魔术师，随时都能发生很大的变化，一会儿笑，一会儿哭，一会儿生气，一会儿愤怒……真是变化无穷，我们可以通过面部表情判断他人的情绪。

📋 **设计意图**

> 通过面具，引导学生关注到面部细节，从而了解不同表情特征代表不同的情绪。

3. 情绪大变脸——变脸游戏。

（1）老师邀请学生："我们来玩'变脸游戏'，好吗？"

（2）老师展示表情面具，学生做相应的表情。

（3）师生做互动游戏：你说我来做。

📋 **设计意图**

> 创设共同游戏活动——变脸游戏，让学生在游戏过程中，体会不同情绪会有什么表情。

4. 情绪大变脸——表情面具按情绪进行分类。

（1）老师："刚才我们在玩'变脸游戏'时，你觉得哪些'脸'让你感到高兴，哪些'脸'让你感到难过呢？"

（2）引导学生将几个表情面具按照良好情绪和不良情绪进行归类。

（3）老师小结：当微笑、大笑时，说明我们的心情好，高兴、快乐属于良好情绪；而当我们生气、愤怒、害怕时，说明我们的心情不好，生气、愤怒、害怕属于不良情绪。情绪有"喜""怒""哀""惧"等类型，我们可以从面部表情知道他人的情绪如何。

📋 **设计意图**

通过把表情面具分类的活动，引导学生理解良好情绪与不良情绪。

5. 情绪大变脸——脸谱转盘。

（1）与学生进行游戏"脸谱转盘"，并示范说明游戏规则：每次学生来玩转盘，转动指针，指针指到哪一处脸谱，就做出这种脸谱上相应的表情，判断情绪属于哪一类（良好的还是不良的情绪）。

（2）老师和学生轮流进行游戏，并相互点评。

（3）老师进行游戏时，注意夸张地改变自己的情绪。当学生答对时，老师表现出明显的开心行为（如鼓掌、大笑）；当学生答错时，老师表现出明显的不开心行为（如撇嘴、皱眉）。

📋 **设计意图**

创设互动游戏，巩固学生对良好情绪和不良情绪的理解；通过师生相互表扬，引导学生体会到自己的言语行为会对他人情绪产生影响。

（三）联系生活实际

1. 请学生观看老师事先录制好的班级里其他同学平时生活片段的视频。

（1）提问："视频中哪些同学表现出良好的情绪？哪些同学的情绪是不良的？你是从哪里看出来的？"引导学生从面部表情进行判断。

（2）这些同学为什么会有不良的情绪？面对他们的不良情绪，我们该怎么办呢？

2. 观看老师课前拍好的视频，引导学生了解当别人不开心的时候，可以这样做：

（1）轻轻握住对方的手。

（2）给学生喜欢的玩具。

（3）不打扰对方。

3. 情绪松一松 —— 一起来跳舞。

老师："让我们随着《幸福拍手歌》的欢快旋律唱起来、跳起来。让我们时刻能像现在一样高兴、快乐，保持一份好心情！"

📋 **设计意图**

通过展示班级学生生活片段的视频，引导学生发现班里同学的不同表情代表的不同情绪；通过提问，引导学生理解当同学表现出不良情绪时，自己应该如何做。

（四）评价总结

1. 根据学生的表现，奖励学生。学生可以在奖励选择板上换取喜欢的奖励。

2. 播放收玩具音乐，请学生帮忙将绘本、玩具等归位。

3. 与老师进行下课礼仪。

六、注意事项

1. 在变脸游戏中，老师先做简单示范，并且夸张地表达自己的情绪。

2. 在与学生做互动游戏的过程中，强调让学生开口说。在老师做示范的环节，老师夸张的表情和情绪表达，让学生更能真切感受不同情绪时脸部表情的变化。

七、延伸活动

在家中和学校里，学习用脸谱娃娃的表情图卡记录每天的心情。

活动范例三：你的情绪我会读

广州天河区启慧学校　陈均丽

一、课型

个训课。

二、学情分析

基本情况：何×斌，男，13岁，智力障碍。

语言理解：能基本满足日常生活需求；能理解简单手势、姿势、图片等；能基本听从老师指令，如扔垃圾；能理解较常见的简单句；对简单的复杂句，如对因果关系句、否定句等的理解能力有待提高。

语言表达：可使用常用名词、动词等表达，但需增加词汇量；可使用简单句（如"这是……，不是……""我要……，不要……"等）表达，但数量有待增加。

沟通方式与效度：沟通意愿较低，沟通方式较单一，主要以口语加简单手势动作来表达，口语清晰度需进一步提高；沟通时较难理解他人的情绪和意愿，无法根据他人的状态调整自己的行为。

情绪识别：已能辨认卡通图片上"高兴""难过"两种表情，基本能在典型的实际情境中识别这两种基本情绪。

三、活动目标

1. 会辨认"生气""害怕"两种表情。
2. 会判断特定情境所触发的情绪。
3. 会用"××高兴/难过/生气/害怕"来表达他人情绪。

四、准备材料

PPT，图卡，学习单，笑脸贴图，道具，强化物（海苔等）。

五、活动过程

（一）课前常规活动

1. 开灯、脱鞋。
2. 坐好，问好（要求学生能回应"老师，早上好"）。
3. 展示任务卡，告知本节活动。

📋 **设计意图**

> 常规活动，调动上课的积极性，预告本节活动，让学生心中有数。

（二）引起动机（每节课常规活动）

1. 呼吸放松操：

看图、听指令，模仿做改善构音障碍的呼吸操。

老师展示图片，并喊节拍，学生模仿老师一起做。

2. 模仿动物叫：

听音乐，跟着动物一起叫。

老师重复动物叫声，学生模仿发声，老师及时奖励。

3. 展示图卡和海苔（强化物），预告游戏。

📋 **设计意图**

> 通过呼吸放松操和模仿动物叫，改善学生呼吸与发声的协调性，提高言语响度，改善起音方式。

（三）发展活动

1. 看图卡，复习"高兴""难过"两种情绪。

老师展示图卡，学生用口语表述，并模仿表情。

2. 模仿、尝试用"××高兴/难过"来表达他人的情绪。

（1）老师引导学生观看图片，描述第一张图片（见图2-7）内容给学生听（一个小哥哥非常喜欢吃冰激凌，他妈妈给他买了一支冰激凌，递给他，他笑了，你觉得小哥哥是高兴还是难过呢……），学生先指一指笑脸贴图，说出对应情绪的称呼，再选择笑脸贴图贴一贴。

提问：图片中的小哥哥怎么了？

回答：小哥哥_____。

老师展示完整句子，并正确示范"小哥哥高兴"的读法，学生复述。

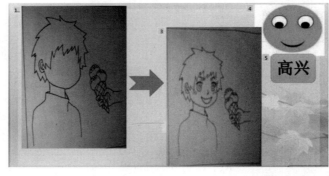

图 2-7　高兴（图片出处：《孤独症儿童心智解读能力训练》P29～P30）

（2）提问：图片（见图2-8）中的小妹妹怎么了？

回答：小妹妹_____。

老师展示完整句子，学生在老师手势动作的提示下尝试表达图中小妹妹的情绪。

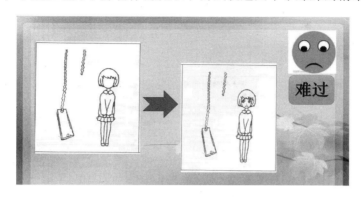

图2-8　难过（图片出处同图2-7）

📋 **设计意图**

复习旧知，为本节所学作铺垫；运用图片素材，通过直接示范教学和手势动作辅助，学生模仿学习用简单句"××高兴/难过"来表达他人的情绪。

3. 展示图片，学习辨别"生气""害怕"两种情绪。

（1）老师播放小视频，视频主角是学生认识的老师。老师吃午饭时，被一个同学弄得满身都是饭菜，很生气。学生看视频，说一说视频中老师的活动。老师正确描述视频内容给学生听，展示"生气""害怕"两张图片，问学生视频中老师的表情像哪一张，告知学生那个表情表示生气。（"害怕"步骤相同）

（2）老师生气时是这样的（老师模仿、示范生气的表情），学生看后，鼓励学生模仿"生气"表情。（"害怕"步骤相同）

（3）展示不同人物"生气/害怕"的表情图，让学生练习辨认。

（4）展示下列图片，老师一边引导学生看，一边描述故事给学生听，学生指一指、说一说、贴一贴"生气"的图片。

A.猜一猜：下图（见图2-9）中的小哥哥怎么了？

回答：小哥哥_____。

老师展示完整句子，并正确示范"小哥哥生气"的读法，学生复述。（"害怕"步骤相同）

图2-9　生气（图片出处同图2-7）

B.猜一猜：下图（见图2-10）中的小哥哥怎么了？

回答：小哥哥_____。

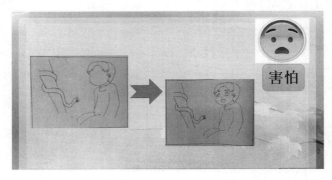

图 2-10　害怕（图片出处同图 2-7）

设计意图

　　图片学习，直观可见，学生比较容易识别，且能引发学生的好奇心，动手贴的操作难易度也比较适合学生。

　　4.情境演练。

　　（1）回顾情境卡，演一演：拿出四张故事卡片，让学生说一说，然后扮演图中小哥哥或小妹妹，老师给予不同刺激让其模仿、表现不同情绪，如奖励学生喜欢的海苔（高兴）、弄乱或拿走其喜欢玩的纸牌（生气/难过），此时老师及时描述学生相应的情绪。

　　（2）看小视频，做一做（选情绪卡贴完整句条），说一说（看句条说句子）。

　　句式：小哥哥/小妹妹_____。

设计意图

　　利用情境演练让学生进行角色扮演，在游戏中体验"高兴、难过、生气、害怕"四种情绪，加深对四种基本情绪的理解，巩固本节课所学。

（四）分享收获、小结下课

小结本节课所学。

点评学生课堂上的表现并奖励。

设计意图

　　对学生本节课的表现进行自评和师评，肯定学生的进步，也帮助学生再次巩固本节课所学，维持学习兴趣。

六、注意事项

1. 训练过程中老师的表情、语气等需丰富夸张，让学生切实感受到所要表达的情绪。

2. 及时强化，引导学生思考看到的行为背后的原因和行为人的想法、感受，勿强调对错。

3. 围绕训练目标采用不同形式吸引学生注意。

七、延伸活动

情绪识别训练可在学校或班级日常活动中泛化：

1. 在课堂上，组织班上学生玩"你演我猜"的表情游戏。

2. 在课间，引导学生关注别人的面部表情，识别他人情绪。

3. 在具体情境中，引导学生用恰当口语来表述自己或他人情绪。

活动范例四：我会识别伤心和高兴

广州市海珠区启能学校　白露莹

一、课型

个训课。

二、学情分析

基本情况：何×源，男，9岁，脑瘫伴智力障碍。

语言理解：有一定的认知能力，能记住常见的人物、地点、物品；具备一定的常识架构；肢体沟通的接受性以及图片沟通的接受性具有一定的发展，积累了少量的名词词汇，构成了部分内在语言。

语言表达：尚处于语前阶段，发音器官功能不佳，其说、读、写的能力尚未获得发展；肢体沟通和图片沟通的表达性有一定的发展，能在社交活动中与他人进行简单的互动或意愿表达。

沟通方式与效度：有一定的肢体语言运用能力，但现阶段尚未能很好地发展出语言表达和沟通的技能，沟通的效度受限。

情绪识别：具备一定的注意力和情绪解读的基础，能初步通过观察面部表情分辨情绪，并具备一定的识别语音语调所透露的情绪的能力。

三、活动目标

1. 能通过面部表情进行情绪识别。
2. 能通过语音语调进行情绪识别。

四、准备材料

面部表情图卡，图卡沟通系统，语音沟通板，强化物。

五、活动过程

（一）互动引入

1. 老师向学生招手问好，让学生在视线范围内追视老师缓慢移动的手和脸。
2. 老师伸出双手，然后轻轻地将学生的双手摊开，与学生握握手。

📖 **设计意图**

教学前的师生互动能吸引学生的注意力，引发学生的学习动机。

（二）主活动

1. 看图讲《七色花》的故事：珍妮出门去买面包圈，结果面包圈让小狗抢跑了，珍妮伤心地哭了。
2. 老师展示表情图片（见图2-11），引导学生识别基本情绪（伤心）的面部表情，并让学生模仿。

图2-11 伤心

3. 继续讲故事：这时，一个仙女出现了，给了珍妮一朵七色花，珍妮摘下花瓣扔出去说"我要带着面包圈回家"。结果，珍妮的愿望实现了，她非常高兴。
4. 老师展示表情图片（见图2-12），引导学生识别基本情绪（高兴）的面部表情，并让学生模仿。

图2-12 高兴

5. 角色扮演：让学生扮演珍妮，老师配合扮演小狗和仙女，通过游戏体验故事中人物的情绪，并学习用相应的面部表情进行情绪的表达。

📖 **设计意图**

通过配图故事的学习和角色扮演，引导学生在故事情节中体验伤心和高兴的情绪，为学习情绪识别奠定基础。

6. 情绪识别游戏（巩固训练）：老师拿出语音沟通板，引导学生观察板面上的图片（笑脸表示高兴，流泪表示伤心），让学生按照老师的要求指出相应的图片；老师用表情或语言（语音语调）表示某种情绪，如高兴或伤心，让学生操作沟通板，按照老师的指令，在沟通板上选择对应的图片进行点读。

📖 **设计意图**

先巩固由面部表情进行情绪识别，再拓展到听语音语调进行情绪识别，符合由易到难、循序渐进的原则。

（三）小结评价

1. 点评学生的学习表现。

2. 展示强化物，对学生进行激励。

六、注意事项

1. 在故事情节的讲述中，老师的面部表情和语音语调要随着故事情节的变化而改变，帮助学生通过故事有效进行情绪识别的学习。在教学中，如果使用图片帮助学生识别基本情绪的面部表情，会更加生动有效。

2. 模仿和角色扮演促进了学生对基本情绪（伤心和高兴）的体验及识别。进行角色扮演时，为了更清晰地使学生明确自己的身份，可以增加一些扮演道具，如帽子（戴帽子表示珍妮的身份）、小狗的头套、仙女的魔法棒（表示仙女的身份）等。

七、延伸活动

1. 在家中，家长可以组织家庭成员或者邀请一些小朋友一起做关于情绪的角色扮演游戏。

2. 家长可以和学生一起用杂志或图书中的面部表情制作表情画册。

3. 家长和老师可以通过假想游戏，帮助学生实现情绪识别及情感表达的泛化。

活动范例五：高兴还是难过

广州市越秀区培智学校　陈文娟

一、课型

个训课。

二、学情分析

基本情况：黄×乐，男，7岁，唐氏综合征。

语言理解：叫其名字有应答并有目光注视；能理解部分词汇，如日常生活常见的动词、名词；在特定的情境或手势沟通暗示下能听懂简单指令，如放学时老师挥手知道要说"再见"。

语言表达：能用口语表达三到四个字，长句子表达欠佳，大部分表达不清晰，缺乏主动沟通的意识。

沟通方式与效度：沟通意愿被动，能使用表情、手势动作、发脾气、故意不理人等方式进行沟通。

情绪识别：不会去关注他人面部表情的变化，不懂得观察他人的面部表情。

三、活动目标

1. 在一对一活动中，能分辨高兴和难过的图片。
2. 在一对一活动中，能关注并识别他人高兴或难过的面部表情。

四、材料准备

哭脸笑脸表情贴纸，大头彩笔，强化物，哭脸和笑脸的图片各一张（只有嘴角的变化），不同人物高兴和难过的生活照若干，平板电脑。

五、活动过程

（一）暖身活动："一起做表情包"游戏软件

1. 在平板电脑上下载一款关于"一起做表情包"的游戏软件。

2. 老师打开平板电脑，告诉学生，里面有三个表情图片（凶恶、微笑、严肃）。

3. 老师告知学生要挑选其中一个表情图片（可由学生自主选择），暗示学生用手指对准表情图片点击选择，老师按下"开始"进入游戏。

4. 老师一边说游戏规则，一边用手指示范在图片上方的屏幕左右滑动，能匹配到三个以上的表情图片，便可完成游戏。

设计意图

利用玩平板电脑中的游戏，增强学生学习的主动性及参与活动的能力，让学生初步对表情图片产生印象。

（二）认一认，分一分

1. 老师展示一张笑脸图片告诉学生，这是喜欢也是高兴，说完夸张地做出一个笑的表情；接着展示一张哭脸的图片告诉学生，这是不喜欢也是难过，老师随即做出一个难过的表情，让学生指认高兴和难过的图片。等学生熟悉后，随机呈现两张图片，让学生说出图片中的表情是高兴还是难过。

2. 老师将高兴和难过的图片分别置于桌子两边，接着拿出高兴的图片，要学生轮流抽取图片，将抽取的图片和相同表情的图片放一起（难过的教法相同）。等学生熟悉后，再随机呈现高兴和难过的图片，让学生将相同表情的图片放在一起。

3. 老师同时向学生展示高兴和难过的图片，老师做出高兴的表情问学生："我的表情和哪张图片中的表情很像？"让学生指出对应的表情图片，再要求学生将图片进行分类。

4. 老师剥开一颗糖放入口中随即做出高兴的表情，问学生："现在有糖吃，老师感觉怎么样？"若学生可以正确回答出表情的名称，则给予强化物。创设"糖掉地上脏了不能吃，很难过"等情境，让学生反复练习。

设计意图

学习社会情绪的教学活动顺序：从简单的表情到复杂的人物图片的辨别，最后是融入生活情境中人物面部表情的识别。

（三）给表情贴纸找家

1. 老师用大头彩笔在左手掌中画一个笑脸，在右手掌中画一个哭脸。

2. 老师把一只手藏起来，另一只手在学生面前打开，问学生："看，这是什么表情？哪一张和它很像？"

3. 让学生从贴纸中挑选对应的表情贴纸，贴在老师手掌。

4. 左右手轮流打开，要学生将相同表情的贴纸贴在老师手掌。

设计意图

将表情贴纸融入游戏中，让学生在玩中学，进一步加深了学生对表情图片的认识和理解。

六、注意事项

1. 日常生活中，大人多用口语表达自己的情绪，并和学生讨论表情产生的因果关系，帮助学生领会情绪。

2. 将简单表情高兴和难过的图片类化到日常生活中，当作增强系统的符号。

七、延伸活动

情绪识别可以融入班级的日常活动中，例如：

1. 让班级里每个学生制作一张作业单贴于桌面，写下活动及食物名称，问学生在吃这些食物（如青菜、饼干、辣椒）或开展这些活动（如写字、滑滑梯、拔牙）时是高兴还是难过，让学生用笔圈选出来。

2. 集体玩"抢椅子"的游戏，没有抢到椅子的去抽一张卡片，卡片上面有表情的名称、图片，要学生在镜子前做出与卡片上相同的表情，做对的给予强化物。

第三章　高级阶段沟通活动设计

第一节　邀请与应邀

导读

一、定义

邀请的意思是请人到自己的地方来或到约定的地方去。活动上的邀请，可以是请人与自己共同参与正在进行或即将进行的活动。而应邀则是受到他人的邀请，答应并参与其中的回应。这两个技能训练的主要目的是帮助学生了解如何邀请别人参与活动，以及如何回应别人的邀请，但更重要的是，从训练中了解体验和别人一起玩是很有趣的事。

二、分解目标

（一）邀请——表达方式

非口语表达：手势表达、沟通图卡、点读笔。

口语表达：从说"请"到"请您"再到完整句子的表达"请您参与""我们一起玩"等。

（二）应邀——表达方式

非口语表达：点头、沟通图卡、点读笔。

口语表达：从说"好"到"好的"再到完整句子表达"我愿意""好的，我愿意参与"等。

（三）技能步骤

1.邀请。

（1）选择适合的邀请对象。

（2）靠近邀请对象。

（3）使用适合自己的表达方式，提议对方共同游戏或开展活动。

（4）等待对方反应，做出判断。如果对方表示同意，就共同进行游戏、活动等；如果对方表示拒绝，就表达"没关系"。

2.应邀。

（1）能注视邀请的对象。

（2）使用适合自己的表达方式表示同意参与或者表示拒绝。

三、训练建议

1. 了解学生的起点行为，以及学生常用的表达方式是非口语表达还是口语表达。

2. 加强功能化、具体化、生活化的教学，孤独症学生一般存在机械化学习和学习与类化上的困难，在教学时应选择适配情境的话题，让教学效果落实于日常生活。

3. 避免一成不变的学习过程，应灵活地给予机会开展教育，否则容易造成学生只在特定地方才知道拒绝或者一味拒绝。

4. 在教授的过程中，也需要考虑学生的年龄、能力、水平、环境等综合因素，教以自然有效的沟通方法，并在自然环境中练习、泛化，这样才能真正帮助学生更好地把掌握的技能运用到实际生活中，融入社会，享受生活。

活动范例一：我会邀请他人玩游戏

广州市康纳学校　杨伟珍

一、课型

个训课。

二、学情分析

基本情况：王×雅（小雅），6岁，高功能孤独症。

语言理解：能理解三词句子，如人物+动作+物件、地方+两个物件、形容词+地方；能理解简单的不同问题。

语言表达：能回答简单的不同问题；能运用代词你、我、他；能说"××，能和我一起玩吗"来邀请成人或同伴，需要扩展"××，你能和我一起玩+物品名称/游戏名称吗"。

沟通方式与效度：主动沟通意愿较强，在日常生活中能使用语言表达需求；能与成人分享发现的事物，如看到天空的飞机，会指着飞机说"你看飞机"。

邀请与应邀：邀请与应邀的意识较好，能用"×××能和我一起玩吗"来邀请成人和同伴玩游戏；能回应他人的邀请。

三、活动目标

1. 能用"××，你能和我一起玩抢拍铃铛吗"的问句邀请他人玩游戏。
2. 能用"××，你能和我一起玩捉尾巴游戏吗"的问句邀请他人玩游戏。

四、材料准备

抢拍铃铛一套，捉尾巴游戏的尾巴一条。

五、活动过程

（一）你在哪里

主教老师唱："小雅，小雅，你在哪里？"
学生回应："我在这里，我在这里。"
主教老师一边唱"咯吱咯吱"，一边挠学生痒。
学生唱："老师，老师，你在哪里？"

主教老师回应："我在这里，我在这里。"

学生一边唱"咯吱咯吱"，一边挠老师痒。

📋 **设计意图**

用游戏的方式增强学生与老师互动的能力。

（二）抢拍铃铛

主教老师："小雅，我们这节课要玩两个游戏，一个是抢拍铃铛游戏，一个是捉尾巴游戏。你想先玩哪一个？"

学生："抢拍铃铛。"

主教老师："这个游戏需要两个人玩，老师现在要当裁判，缺了一个人，怎么办？"

学生说："再邀请一个人玩。"

主教老师说："对，你可以邀请××老师一起玩。你要跟他说清楚玩什么。老师给你示范怎么邀请××老师一起玩。"主教老师走到助教老师面前说："××老师，你可以和我一起玩抢拍铃铛的游戏吗？"助教老师说："好。"

主教老师请小雅邀请助教老师一起玩，如小雅会说："老师，你可以和我一起玩抢拍铃铛的游戏吗？"助教老师说："好。"然后再一起玩游戏。如果小雅不会说，主教老师就从旁口头提示。

📋 **设计意图**

利用需要两人一起玩的游戏，让学生学习邀请。

（三）捉尾巴

主教老师："这个游戏也需要两个人玩，老师这次也要当裁判，缺了一个人，怎么办？"

学生说："邀请××老师。"

主教老师说："对，那你去邀请××老师一起玩吧！"

学生走到助教老师面前说："老师，你可以和我一起玩捉尾巴的游戏吗？"助教老师说："好。"然后再一起玩游戏。如果学生不会说，主教老师就从旁口头提示。

📋 **设计意图**

增加一个游戏，让学生重复练习邀请。

六、注意事项

1.老师根据学生实际情况，减少提示的次数，并慢慢取消。

2.学生能体验与人互动的乐趣。

七、延伸活动

邀请可以融入班级的日常活动中，例如：

1.午餐时，想和朋友一起坐。

2.下课时，想和同学一起玩球。

3.上体育课时，需要一个同组的搭档。

八、反思与评价

1.从邀请成人过渡到邀请同伴。

2.邀请泛化到不同场景和不同的活动中。

活动范例二：请来我家玩

广州市白云区云翔学校 刘泽慧

一、课型

小组训练课。

二、学情分析

基本情况：张×明，男，9岁，智力障碍；林×，男，8岁，孤独症。

语言理解：张×明听到声音会转向声源，但注意力差，易受课堂之外的声音影响；能理解简单具体的指令，如坐端正、请安静等；能理解简单的词汇，对抽象词汇理解能力差。

林×对声音有反应，但比较迟钝，需要反复提示或较长时间反应；能理解常见情境中带手势动作的指令，如坐端正、坐下等；能理解简单的词汇，对抽象词汇理解能力差。

语言表达：张×明能发出大部分音节，但当句子过长时，会出现某些词扭曲或遗漏；在熟悉情境中，沟通意愿较强，能通过简单的词语或句子表达自己的意愿。

林×能发出大部分音节，但气息较弱，发音不清；主动沟通意愿低，但能通过简单的词语或句子表达自己的意愿。

沟通方式与效度：张×明多用手势动作表达需求和传递讯息，主动沟通意愿强，会主动吸引他人注意力或向他人表达需求，会用简单词汇回应老师或用肢体动作回应同伴；当出现沟通不良时，张×明会着急，改用手势动作，当发现未获得老师或同伴的注意时会转移注意力。

林×多用表情和手势动作表达需求和传递信息，沟通意愿一般，多为被动式沟通；在与老师的沟通中，会使用点头或摇头以及"要"或"不要"来回应老师；在与同伴的交往中，多为肢体动作的互动，当沟通不良时，林×会中断沟通，转移注意力。

邀请与应邀：张×明和林×均不懂得如何邀请，需要老师口头和动作提示才能完成邀请行为；张×明能在感兴趣的活动中点头接受邀请，但还不会使用口语接受邀请；林×不具备应邀能力，常常需要老师反复提示才参与被邀请的活动。

三、活动目标

（一）张×明

1. 能招手邀请他人（林×）。
2. 能点头说"好"接受他人（林×）邀请。

（二）林×

1. 能通过说"过来玩（吃）"邀请他人（张×明）。
2. 能通过说"好，我来了"接受他人（张×明）邀请。

四、准备材料

音乐《走和跑》，电话铃声，玩具电话，强化物（小熊饼干、小馒头饼干、奶片），玩具（小汽车、积木、垃圾分类游戏图片）。

五、活动过程

（一）走和跑

老师播放音乐《走和跑》，向学生发出邀请"过来走走路，跑跑步"。老师先做示范，当音乐缓慢时走路，当音乐急促时跑步。（动作尽量夸张，如走时腿抬高，放下的速度缓慢，步子大）

📋 **设计意图**

用律动感强的音乐和夸张的动作，引起学生的关注和兴趣。老师向学生发出邀请的同时，也能让学生对邀请的语言有初步的感受。

（二）请来我家玩

1. 创设情境：老师提前设定时间使电话铃声响起，接完电话后告诉学生有一个朋友邀请他们去玩，他为同学们准备了很多好吃的和好玩的（将学生喜欢吃的零食和喜欢玩的玩具向学生展示，展示过后用布遮起来），告知学生现在给他们时间考虑，等一下朋友会再次打电话来询问他们愿不愿意接受邀请。

2. 直接教学：给学生时间思考，思考后询问学生接不接受邀请，如果学生以点头的方式接受，则向学生强调朋友在电话里看不到他们点头，要通过语言说出来。

老师告诉学生接受邀请可以说："好，我来了！"（跟读、齐读、个别读）

3. 在朋友来电话之前进行练习，一个人扮演朋友发出邀请，另一个人接受邀请。（老师从旁协助）

邀请者（张×明）说："过来玩。"并向受邀者（林×）招手。

受邀者（林×）："好，我来了！"邀请者（张×明）说："好！"

4. 播放电话铃声，由老师扮演邀请者发出邀请，学生说"好，我来了"或"好"接受邀请。给学生发一个玩具或一包零食，告诉学生带去朋友家一起玩或吃。

5. 来到朋友家（教师扮演朋友），每个人轮流拿出零食，张×明对其他人说"过来吃"，林×说"好"；林×对其他人招手，张×明要说"好，我来了"。完成邀请和应邀才可以一起吃零食。（由老师先开始，起示范作用）

吃过零食后，轮流拿出玩具，张×明对其他人说"过来玩"，林×要说"好"；林×对其他人招手，张×明要说"好，我来了"。完成邀请和应邀才可以一起玩玩具。（由老师先开始，起示范作用）

6. 要离开朋友家了，请学生说"请你也来我家找我玩"，并招手邀请朋友，朋友说"好"接受邀请。

📝 **设计意图**

1. 利用学生喜欢的零食和玩具引起学生的沟通动机，而打电话的形式使学生不得不以语言回应。

2. 对邀请和应邀的语言进行巩固练习。

3. 增强学生在社交活动中进行邀请和应邀的意识。

六、注意事项

1. 老师同时承担教学者和朋友扮演者的角色，要注意过渡的语言，以免学生混淆。

2. 对于语言理解和表达能力较弱的学生，尽量用简洁的句子表达邀请和应邀，学生主动邀请的动机不足，可以设定规则或情境提高学生的动机。

七、延伸活动

1. 邀请与应邀可以融入班级日常活动中，例如：

（1）课间邀请同学一起玩玩具。

（2）午点时邀请同学一起吃午点。

（3）体育课邀请同学一起做运动。

（4）律动课邀请同学一起唱歌跳舞。

2. 邀请与应邀可以融入家庭日常活动中，例如：

（1）邀请小伙伴到家里玩。

（2）邀请小伙伴一起做户外活动。

活动范例三：一起玩，好吗

广州市康纳学校　陈小欢

一、课型

小组课。

二、学情分析

基本情况：邓×菲，5岁半，轻度孤独症；全×山，3岁，中度孤独症。

语言理解：邓×菲语言理解能力约达到4岁半儿童标准水平，能理解简单的句子及游戏规则；全×山语言理解能力约达到1岁半儿童标准水平，能理解两个元素的短句。

语言表达：邓×菲与熟悉的成人及同伴的社交较主动，有功能性的语言，想跟同伴玩时不会用恰当的方式发起邀请，有时会直接拉他人的手，别人邀请她时有可能出现不理人的情况；全×山有少量口语，以词组居多，不会用恰当的方式邀请同伴。

沟通方式与效度：邓×菲能用两至三个元素的句子表达需求或发起沟通，流畅度较好，语言组织能力需进一步提升，与其熟悉的成人能理解其表达的80%的意思；全×山40%的情况用动作拉成人沟通，30%的情况用词组沟通，30%的情况不沟通，主动沟通能力尚在发展中。

邀请与应邀：邓×菲有时会想邀请同伴一起参与游戏，但方式不恰当（直接拉或强行加入），别人邀请她时有50%的情况会回应，50%的情况不理人；全×山有口语能力，但主动语言少，未能在活动中主动邀请同伴，需在辅助下做出邀请及应邀。

三、活动目标

1. 能用"我们一起玩××，好吗"邀请同伴一起玩音乐游戏。（邓×菲）
2. 在老师的辅助下，能拉同伴的手表示邀请其一起玩音乐游戏。（全×山）
3. 同伴邀请时，能回答"好"应邀。（邓×菲、全×山）

四、材料准备

1. 音乐：《拍手歌》《洋娃娃和小熊跳舞》《123数字歌》《运球》。
2. 教具：洋娃娃和小熊玩偶，波波球若干，装水的大盒子，小丝巾一条，托盘两个，正确邀请同伴的视频，运球的图片。

五、活动过程

（一）活动导入

1. 老师用唱歌的形式跟学生互动，学生以唱歌的形式回应。

2. 老师说："现在我们一起跟着音乐《拍手歌》来玩游戏，要两个人才能一起玩。"

3. 老师示范口语"我们一起玩××，好吗"来邀请助教老师。老师请邓×菲模仿并邀请全×山，老师及时表扬学生正确做出邀请及应邀的行为。

设计意图

老师现场示范如何邀请及应邀，有利于学生更快掌握技能。

4. 老师放音乐，两两面对面，一起跟着音乐《拍手歌》玩"你拍一我拍一"的游戏。

设计意图

老师及时强化正确的行为，使正确的行为逐步增加。

（二）活动过程

1. 老师告知学生，今天会玩三个好玩的游戏，要邀请同伴才能一起玩。老师一边播放事先录好的视频，一边讲解：邀请同伴时，眼睛要看着同伴，然后叫同伴名字，说"我们一起玩，好吗"，同伴说"好"就可以一起玩。如果同伴不同意，则另请他人。

2. 第一个游戏是一起围圈做动作。老师辅助全×山拉邓×菲的手进行邀请，邓×菲说"好"之后，老师与学生围成一圈，放音乐做各种动作。

3. 第二个游戏是传球。这次老师请邓×菲去邀请同伴，邓×菲用语言邀请同伴并等待回应，全×山回应"好"应邀。老师与两个学生围坐成一圈，一起玩传球的游戏，坐旁边的邓×菲负责把球投进有水的大盒子里。

4. 传球游戏结束，开始第三个游戏运球。老师展示图片，两名学生要分别拉丝巾的两边，把波波球从起点运到终点，球运完游戏结束。老师问学生"这次谁来邀请"，请举手的学生做出邀请，另一名学生做出回应。老师请学生各拉丝巾一边，然后放音乐，开始运球。

设计意图

在活动中多次让学生练习邀请及应邀，好玩的音乐游戏成为学生的自然强化物。

5. 在欢快的音乐声中结束游戏。

（三）活动结束

1. 老师总结本节课学生的表现，并以贴纸奖励。

2. 老师与学生互道再见。

 **设计意图**

> 总结课堂教学内容，肯定学生做得好的地方。

六、注意事项

1. 注意及时表扬学生好的行为，比如邀请时看着同伴、语言运用正确、有等待同伴回应等。

2. 学生的目标行为未完成时，及时指出问题并提供辅助。

3. 注意活动为目标服务，课堂的重点在于达成教学目标，而不是完成活动。

七、延伸活动

1. 在活动中，逐步取消各种提示，等待学生主动、独立邀请同伴。

2. 设置新的合作性的音乐活动或其他需两人合作的游戏，检验学生的目标行为是否能维持。

3. 在一日流程中利用机会或设计活动让学生学习的技能得以泛化。

4. 与家长沟通，家校合作，指导家长在自然情境中有意锻炼学生邀请与应邀的技能。

活动范例四：我会邀请与应邀

广州市康纳学校　谢慧敏

一、课型

小组课。

二、学情分析

基本情况：张×希，男，9岁，孤独症，中度；李×博，男，9岁，孤独症，中度。

语言理解：张×希能理解生活中常用指令；能理解三词句"人物+动作+事件"，如姐姐玩游戏；能理解简单问句，如"要不要""一起玩好吗"。李×博能理解生活中常用指令；能理解两词句"动作+事件"，如拍皮球、洗衣服；能理解简单的问句，如"好不好"。

语言表达：张×希有口语能力，能用口语表达自己的意愿，回答简单的问题；李×博有少量口语，能仿说两字词语，用手势语或单音回答简单的问题。

沟通方式与效度：张×希沟通意愿被动，日常生活较少使用语言表达想法；李×博的沟通意愿较好，能与他人分享自己的玩具和零食，多用手势语邀请同学共同完成任务。

邀请与应邀：邀请与应邀的意识较弱，在提示下能说出问句"一起玩好吗"来邀请同伴；不懂得如何回应他人的邀请。

三、活动目标

1. 能说出"一起玩抛球好吗"的问句邀请同伴玩游戏。
2. 当被邀请时，能使用恰当的语言回应，如"好啊""可以""不要"等。

四、材料准备

一个软球，强化物。

五、活动过程

（一）儿歌《找朋友》

1. 播放儿歌《找朋友》，老师和同学一边拍手一边唱，拉近师生关系。
2. 唱完儿歌后，告诉学生：我们都是好朋友，等会儿可以邀请你的朋友或者接受朋友的邀请一起玩游戏。

▤ **设计意图**

建立学生间关系。

（二）抛球游戏

1. 老师拿出一个软球，告知学生本节课的内容，邀请学生说"一起玩抛接球好吗"，学生可以回答"好的"或"不要"。

2. 老师把软球抛给学生，老师提出邀请"一起玩抛接球好吗"，此时要求学生看着老师回答。若学生回答"好的"，则一起玩抛接球；若回答"不要"，则让学生把软球还给老师。

3. 让学生尝试邀请其他同学（老师可以适当提醒），要求学生走到同学身边，提出邀请"一起玩抛接球好吗"，若同学回答"好的"，则一起玩；若回答"不要"，则换下一个同学。

▤ **设计意图**

1. 用抛接球的游戏引起学生的兴趣，增强学生主动参与的积极性。

2. 学生通过多次使用问句进行邀请，一方面可以使学生巩固邀请的技能，另一方面可以让学生充分理解邀请的含义。

六、注意事项

1. 要强化学生邀请的这一行为，让学生感受与同学游戏的乐趣。

2. 学生提出邀请时，要找到邀请的同学并走到其身边，提出邀请，让学生理解邀请的含义。

3. 学生受邀时，应尽量看着邀请的同学，做出恰当的回应。

4. 当学生能主动邀请时，应取消提示，让学生独立表达。

5. 告知学生，被拒绝时没关系，可以邀请另一个同学进行游戏。

七、延伸活动

1. 下课时，邀请同学一起玩拍球，比赛谁拍得多。

2. 午餐时，邀请同学坐到自己旁边一起吃饭。

3. 放假时，邀请父母带自己去公园玩。

第二节　获取信息

导读

一、定义

信息获取指围绕一定的目标，在一定范围内，通过一定的技术手段和方式方法获得原始信息的活动和过程。获取信息的途径是多种多样的，包括通过自身观察、与他人交流、媒介检索等。

二、目标分解

1. 辨别情境（哪些情境需要观察获取信息，哪些情境需要借助其他方式获取信息）。
2. 在不同社交情境下用切题、明确的问题获取信息。
3. 辨别使用适合特定社交情境的问题，以获取相关的社交信息。

三、训练建议

1. 情境辨别。

学生学习辨别哪些情境仅通过观察就能获取信息，哪些情境需要借助其他方式获取信息。

例：铃声响了起来，人们朝着某个方向走，通过观察，学生应该知道要跟着人群走。

2. 提出适当的问题。

在结构化教学环境中，学生学习通过提出不同的问题来获取特定的信息。例：学生无法判断向谁索要某件物品，可以问："谁有纸和笔？"

学生想知道其他人在讨论什么，可以问："你们在说什么啊？"

学生想知道一群人在干什么，可以问："喂，忙什么呢？"

学生想玩一项游戏，但没搞懂规则，可以问："这个怎么玩？"

面对多个活动，学生要选择一个参加，可以说："我想踢球，要去哪个队？"

3. 判断事情的及时性和紧迫性。

学习判断是否有危险、事情是否严重，以及如何获取信息。还要让学生明白什么是机不可失，在紧急情况下如果不立即行动，不及时收集信息，可能就会来不及。

4. 向谁发问。

学习判断向谁发问，学生需要评估一系列因素，包括与对方的关系、对方是否有时间回答、所需信息的类型、对方的专业性及当前的情境等。

活动范例一：我会自己找信息

广州市康纳学校　车小静

一、课型

个训课。

二、学情分析

基本情况：彭×蓝，男，7岁，孤独症。

语言理解：能较好理解常用的短句、短语；具有一定的观察学习的能力；能理解简单的逻辑关系、因果关系，如学生喜欢吃糖果，如果老师奖励糖果给他，他就很开心。

语言表达：能与熟悉的成人及儿童有2～3个回合的简单对话，能使用含有"谁""什么""干什么"等简单问句。

沟通方式与效度：沟通效度较好，能进行简单的交流。

获取信息：在获取信息时比较被动，常常不能用合适的语言表达清楚，有时会因想加入别人的活动而推妈妈过去帮忙表达，有时会不分场合地问妈妈一些显而易见的问题。

三、活动目标

1. 辨别情境：哪些情境需要观察获取信息，哪些情境需要借助其他方式获得信息。
2. 在不同社交情境下用切题、明确的问题获取信息。

四、准备材料

视频，表演道具若干（手机、玩具车、沙子等），图片。

五、活动过程

（一）情境辨别

学生需要学习分辨哪些情境通过观察就可以获取信息，哪些情境要通过询问获取信息。

展示两张图片，告诉学生图片1和图片2各自代表的意思。

📔 **设计意图**

　　让学生理解图片所代表的意思。

1.示范练习一。

（1）示范1：老师A和老师B都坐在桌子旁边，老师A拿出一个透明的盒子，里面放着玩具车，老师B看着盒子。

这时老师A问学生：你觉得老师B知道盒子里面是什么吗？如果他知道是玩具车，那他还需要问我这是什么吗？对了，他眼睛看就可以知道，不用再问问题，我们可以用图片1来代表。

（2）示范2：老师A拿出一个未打开的不透明盒子，老师B看到后，抬头看向老师A。

这时老师A问学生：老师B想知道里面是什么，他应该怎么做？对了，他要问我盒子里是什么，我们可以用图片2来代表。

2.示范练习二。

（1）示范1：老师A、老师B都坐在桌子旁边，老师A拿出一包薯片打开吃，老师B看见了，抬头看向老师A。

这时老师A问学生：你觉得这个时候老师B应该怎么做？

学生拿起图片2，老师A给予肯定回应。

（2）示范2：老师A把薯片分成两份，一份放在自己面前，一份给了老师B并说"给你"，老师B看见了，应该怎么做？

这时老师A问学生："你觉得老师B可以怎么做？"学生选择图片1，老师A给予肯定回应。

📋 设计意图

> 通过练习让学生能真正理解老师的意图并学会运用。

3.帮帮忙。

接下来，我们要一起看一些关于同学A的视频，你要用图片来告诉他，他应该怎么做。

（1）播放视频1，在同学A看到同学们去排队后暂停，问学生："你觉得同学A现在会做什么？"

学生拿起图片1，老师回应："对了，你看得很仔细，同学A只要用眼睛观察就可以知道怎么做了，不需要问问题。那我们来继续看，同学A是不是这样做的。"继续观看视频，看完后，问学生："同学A是怎么做的？"

（2）同样程序，播放视频2。

📋 设计意图

> 让学生知道哪些情境下是需要寻求信息的，哪些情境不需要。

（二）提出适当的问题

1.给学生播放视频2，当看到同学A需要询问时暂停，请学生先来判断：同学A需要问问题吗？如果需要，他应该说什么？

📋 设计意图

> 通过练习，让学生知道在需要寻求信息时的情境中，该如何合适地提问。

2.学生、老师一起归纳。

想要某个自己没有的东西时，可以说："谁有××吗？"

想要知道怎么玩一个游戏时，可以问："我可以玩吗？""这个游戏怎么玩？"

看到好像发生了什么事情时，可以问别人："发生了什么？"

📋 **设计意图**

让学生对学习的内容更加清晰。

六、注意事项

1.要等待学生的回应。

2.语言要尽量自然。

3.要及时强化学生正确的回应。

七、延伸活动

1.在家时，设置相关情境让学生练习。

2.在校时，设置相关情境让学生练习。

八、视频材料

1.视频一：上课了，老师手里拿着书本，分发给正在排队的学生。（学生A通过观察，也跟上去排队）

2.视频二：上课了，班里其他同学都站起来跑到课室外面去，除此之外没有其他环境线索。这时学生A问旁边同学"发生了什么事"或"怎么了"，旁边同学回应："老师叫我们去外面排队。"学生A跟随去排队。

3.视频三：游乐场上有一群学生在玩，学生A看到了，也跑过去玩。

4.视频四：游乐场上有一群学生在玩捉迷藏的游戏，老师站在旁边，学生A上前问老师："老师，我可以玩吗？"

5.视频五：爸爸、妈妈正在吃饭，从房间里走出来的学生A看到桌上的饭菜（桌上已经有一碗盛好的饭），走过去就坐下开始吃饭。

6.视频六：妈妈从门外进来，手中拿了一个没有打开的蛋糕，正坐在沙发上的学生A看见了，起身问妈妈"这是谁的呀"或"我可以吃吗"。

7.视频七：学生和同学们一起画画，学生A最喜欢红色的画笔，她在桌上找来找去都没有看到红色画笔，于是她抬头问同学："谁有红色画笔？"同学给了她画笔，学生很快就画完了。她又去外面玩，看到有同学在玩跳棋，她也想玩，就问："我可以一起玩吗？"得到同学的允许后，她便一起玩。可是她不会玩，她又问同学："这个怎么玩呢？"

　　跟同学玩过跳棋之后，她看见有好多同学往操场方向跑，就问同学："发生什么事情了？"同学告诉她，老师让他们去操场拿球，她也跟着去拿球了。

活动范例二：我会这样问

广州市天河区启慧学校　张燕

一、课型

小组课。

二、学情分析

基本情况：吴×健，男，9岁，孤独症；李×宇，男，10岁，智力障碍。

语言理解：吴×健能较好理解常用的短句、短语，具有一定的观察学习能力，能理解简单的逻辑关系、因果关系；李×宇能较好理解常用的短句、短语，具有一定的观察学习能力，能理解简单的逻辑关系、因果关系。

语言表达：吴×健能与熟悉的成人及儿童有4~5个回合的简单对话，能使用含有"谁""什么""干什么"等的简单问句；李×宇能与熟悉的成人及儿童有2~3个回合的简单对话，能使用含有"谁""什么""干什么"等的简单问句。

沟通方式与效度：都能运用口语进行简单的交流，沟通效度较好。

获取信息：都能使用简单句进行沟通，但是在日常生活中不会使用主动提问的方式获取信息，如果需要获取信息，大多需要老师的协助。

三、活动目标

学生用提问的方式获取信息。

四、准备材料

视频，照片。

五、活动过程

（一）活动导入

老师用照片引入话题：老师带来了几张你们的照片，一起来聊一聊这些照片中你们都干了什么，好不好？

（二）示范教学

1. 展示吴×健的照片，老师向吴×健提问"你干什么去了""你和谁去的""你去了哪里""你什么时候去的""你玩得开心吗"等问题，以获取信息。请李×宇根据吴×健的回答来描述这些照片。

2. 展示李×宇的照片，老师向李×宇提问"你干什么去了""你和谁去的""你去了哪里""你什么时候去的""你玩得开心吗"等问题，以获取信息。请吴×健根据李×宇的回答来描述这些照片。

📋 **设计意图**

老师示范获取信息的方式，如可以通过提问获取信息。

（三）实操练习

展示老师的照片，引导学生提问"你干什么去了""你和谁去的""你去了哪里""你什么时候去的""你玩得开心吗"等问题，以获取信息。

📋 **设计意图**

引导学生用提问的方式获取信息。

（四）活动总结

老师总结，当不确定信息时，可以通过提问获取信息，可以用问句来提问，如"你干什么去了""你和谁去的""你去了哪里""你什么时候去的""你玩得开心吗"等。

六、注意事项

1. 要等待学生的回应。
2. 要及时强化学生的回应。

七、延伸活动

在家和学校中可以围绕学生熟悉的人物展开话题，老师和家长可以引导学生以"你干什么去了""你和谁去的""你去了哪里""你什么时候去的""你玩得开心吗"等问题提问，来获取信息。

活动范例三：它们在哪里

广州市黄埔区知明学校　刘敏燕

一、课型

个训课。

二、学情分析

基本情况：冯×敏，女，10岁，听力障碍。

听能：2岁左右左耳佩戴助听器，2018年7月的听能管理听力检测记录显示，左耳的平均听阈是98分贝，助听听力是69.6分贝，右耳是111分贝。

语言理解：对自己的名字有反应；能听懂简单指令；能指认身体部位；能理解常见物品；能理解常用的疑问句，如什么、谁、干什么、多少等；能执行两步指令；能理解黄、蓝、绿三种颜色。

语言表达：能使用简单句和手势动作表达需求、打招呼和传递信息，会主动与老师、同学互动。

沟通方式与效度：能使用简单句和手势动作进行简单的交流，但口语表达清晰度欠佳，只有熟悉的人才能理解。

获取信息：获取物品或位置等相关信息的能力较弱。

三、活动目标

能通过询问获取物品的位置等相关信息。

四、准备材料

图片，毛巾，动物玩偶，线路图，点读笔。

五、活动过程

（一）跟着"动物叫声"律动

"小猫小猫，喵喵喵；小狗小狗，汪汪汪；小鸡小鸡，叽叽叽。"

1. 老师唱第一遍时，要求学生一边听音乐一边跟着老师做动作。

2. 唱第二遍时，当老师唱到"小猫/小狗/小鸡"后停顿，用口型引导学生接唱"喵喵喵/汪汪汪/叽叽叽"。

3. 唱第三遍时，师生一起边唱边做动作。

　　选择学生喜欢的律动音乐，可以激发学生的学习兴趣。律动选取的小动物贯穿整节课。

（二）捉迷藏

　　呈现三只动物玩偶——小猫、小狗、小鸡。告知学生今天这节课就是和这三个朋友一起玩游戏。第一个游戏是捉迷藏。先请学生闭上眼睛，老师用三条毛巾把动物玩偶都盖住，随意转换位置。随后老师请学生睁开眼睛。

　　老师拿出小猫的图片说："小猫小猫，在哪里？"让学生把某一条毛巾掀开看看小猫是否在里面；如果不在里面，老师继续展示小猫的图片，说"小猫小猫"，并引导学生问"在哪里"，让学生把另一条毛巾掀开看看是否在里面；如果不在里面，老师继续展示小猫的图片，等待学生问："小猫小猫，在哪里？"让学生把剩下一条毛巾掀开看看，直至学生找到小猫。（小狗、小鸡跟小猫相同的步骤）

　　练习难度逐渐增大，先从简单的疑问短句开始，最后过渡到疑问句。

（三）我要去哪里

　　小猫、小狗、小鸡都找到了；接下来继续用它们玩游戏。下一个游戏叫"我要去哪里"。老师先讲解游戏规则：学生扮演动物玩偶角色，帮老师去不同的地方买东西。

　　1. 展示动物玩偶和线路图，在出发前要先问老师"我要去哪里"后才能出发。

　　2. 学生点压点读笔并仿说："我要去哪里？"老师回应："你要去花店买花/你要去面包店买面包。"小猫玩偶沿着线路图走到花店买花/面包店买面包。

　　3. 图片引导学生问"我要去哪里"询问下一个目的地，老师回应："你要去水果店买苹果/文具店买水彩笔。"待学生完成该任务后，继续引导学生问"我要去哪里"以询问下一个目的地。重复练习，直至完成本节课的任务。

　　教学内容贴近学生的日常生活，练习过程中提示系统逐渐减少，确保学生能独立完成。

（四）总结及收拾整理

　　1. 下课了，老师请学生帮忙收拾并放好物品，等学生把毛巾、图片、点读笔等收拾并放好后，老师提醒学生"不是放这里"，等待学生问"毛巾/图片/点读笔放哪里"并回应学生。学生重新把物品放好。重复练习，直至学生把教具等都收拾、整理并放好。

　　2. 引导学生总结，可以通过"××在哪里"询问某个物品的位置。

📓 **设计意图**

让学生收拾物品，既训练了学生通过主动询问获取物品位置的能力，也培养了学生良好的生活习惯；总结让学生更加清楚所学内容。

六、注意事项

1. 学生的口语表达不清晰，在沟通过程中允许学生使用点读笔提高沟通效度。

2. 学生缺乏疑问句的表达能力，在获取信息的练习中，先从简单的疑问短句开始，最后过渡到疑问句，循序渐进。

3. 教学过程中要使用多感官教学方法，激发学生的兴趣，若学生没回应，老师要适当给予视觉、语言等的提示。

4. 教导学生运用多种沟通方式（手势动作、口语、点读笔等）以提高沟通效度。

七、延伸活动

1. 社区活动中，当学生不知道将要去哪里或自己目前所处的位置时，可以引导他通过询问"要去哪里或在哪里"来获取位置信息。

2. 课间可以观看其他年级的社区活动照片，引导学生通过询问获取游玩地点的信息。

3. 在家中，可通过询问父母了解周末的行程安排（去哪里）。

活动范例四：我会找信息

广州市康纳学校 曾碧兰

一、课型

个训课。

二、学情分析

基本情况：黄×臻，男，13岁，孤独症。

语言理解：能理解三步指令（先把笔放好，然后拿书，最后坐好）；能理解含有"什么时候""哪里""谁""做什么"等的问句；对情绪词汇理解的量较少，能理解开心、不开心、害怕，未能理解难过、伤心、焦虑；也不能主动表达。

语言表达：沟通意愿被动；能使用简单的短语等进行沟通；沟通功能较丰富；能求助、报告、评价、议价、简单描述等。

沟通方式与效度：能使用简单口语表达个人需求，沟通效度尚可。

获取信息：较复杂信息能通过视觉提示进行口语表达；简单的信息能通过主动询问进行简单对话获取。

三、活动目标

能通过阅读周记获取信息。

四、准备材料

三篇学生周记，多媒体投屏设备。

五、活动过程

（一）谈话引入

展示同学外出游玩照片，提问："想知道他们去哪里玩吗？想知道那里有什么好玩的吗？从他们的周记可以找到答案。"

📝 **设计意图**

用同学的照片，引起学生对老师的关注，增加学生主动看老师及参与活动的能力，引发学生主动参与和主动表达的意愿。

（二）火眼金睛大探索

1. 示范如何通过阅读周记获取信息。

老师：我们一起看周记，找一找他去了哪里、和谁一起去的、什么时候去的、怎么去的、看到了什么，还有他的心情如何。

老师和学生一起通过多媒体投屏设备阅读同学的周记，读到与所要了解的信息相关的句子时停顿。老师带领学生分析该句子提供的关键词，如"我和爸爸、妈妈、弟弟一起出去玩"等。可由老师示范分析：一起出去玩的人是我、爸爸、妈妈和弟弟。分析的时候把关键词圈出来，直到找到所要了解的所有信息（人物、时间、地点、出行方式、心情等）。

2. 学生练习通过阅读周记获取信息。

学生独立阅读另外一篇游玩周记（周记的结构与上一篇大致相同）。通过多媒体投屏设备展示学生刚阅读过的那篇周记，老师通过提问的方式检验学生是否掌握了通过周记获取信息的能力。

老师：刚刚你已经读完周记了，接下来请你告诉老师，周记里写了什么。老师可以提问的内容：××去了哪里、他和谁一起去的、什么时候去的、看到了什么、他玩得开心吗、他心情是什么样的。

学生依次回答。如果学生没有答出或答错了，则老师引导学生再次阅读周记，找到相关的语句，圈出关键词。确认学生明白后，重新提问。

📑 设计意图

> 老师示范如何阅读游玩周记，找到相关句中的关键词，获取需要的信息，接着让学生练习这一技能。

（三）活动总结

和学生一起总结：我们可以通过阅读周记（文章）来获取需要的信息。阅读游玩周记我们可以找到什么人、什么时候、和什么人、看到了什么、心情如何等信息。

六、注意事项

1. 要等待学生的回应，当察觉学生有困难时，要给予适当的辅助。

2. 要强化学生的回应，让学生感受到他的回应是正确的。

3. 若学生比较被动，不喜欢看文字，在呈现周记时，不能单纯呈现一大段文字，可配有对应的图片或视频，吸引学生的注意力，增加阅读线索，降低学生获取信息的难度。

七、延伸活动

活动可以融入平时的课堂或课外生活中，例如：

1. 在语文教学中，可以阅读分析文章片段，找到关键信息（人物、时间、地点、事件等）。

2. 在平时的生活中，看到相关的通知、公告等，可尝试教学生阅读并引导其找出关键信息（人物、时间、地点、事件）。

第三节　维持话题

导读

一、定义

维持话题就是保持话题统一，即叙述一个事件、说明一个事物、阐明一个观点或者表达某种感情，所有的句子都要维持一个中心，保持内容上前后一致。

二、目标分解

1. 能使用非言语沟通（表情、动作、图片、文字、手势等）维持话题。
2. 能使用声音来维持话题。
3. 能使用词语来维持话题。
4. 能使用词组来维持话题。
5. 能使用简单句来维持话题。
6. 能使用复杂句来维持话题。
7. 能重复话题内容来维持话题。
8. 能回应有关物品的问题来维持话题。
9. 能回应有关人物的问题来维持话题。
10. 能回应有关地点的问题来维持话题。
11. 能回应有关时间的问题来维持话题。
12. 能回应有关事件的问题来维持话题。
13. 能用表达观点来维持话题。
14. 能用评论来维持话题。
15. 能用提问话题内容来维持话题。
16. 能维持话题两个或两个以上回合。

三、训练建议

1. 提高学生的理解能力和表达能力，指出谈论的物品或事件。
2. 根据学生特点找学生感兴趣的、熟悉的话题入手，预设可能出现的对话，为学生提供有利的材料。
3. 可以利用绘本故事、角色游戏、创设情境等方式，给予学生练习的机会。
4. 适当引导学生进行提问和掌握一定的提问技巧以进行话题。

5. 在儿童—成人的会话中，发挥成人在维持话题的支持作用，弱化成人会话的控制力，为学生语言输出提供机会，在活动中老师可以及时给予学生简明易懂的反馈。

6. 在儿童—同伴的会话中，促进儿童会话主动性的发展，建立发话者角色，利用同伴自身的局限性为儿童会话修补能力的发展及语言类型丰富性（否定性语言、协商语言和"去自我中心化"语言）的发展提供机会，促进儿童语言敏感性和精细语言的发展。

7. 在放松、愉快的环境中进行。当学生未能很好地使用口语沟通的时候，使用沟通辅具来协助学生维持话题。

四、延伸阅读

1. 常用的维持话题技巧有提问和及时反馈两种。

（1）提问技巧：提问既能发起和转移话题，也能起到维持话题的作用。在会话训练中，语言治疗师可以用展示话题焦点的"提问泡泡图"来帮助语言障碍儿童学会提问，进而通过提问来维持话题。如图3-1：

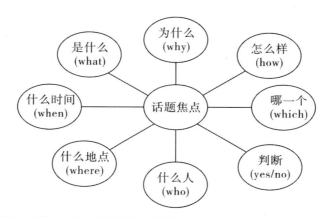

图 3-1　提问泡泡图（图片出处：《康复治疗师临床工作指南：儿童语言康复治疗技术》P225）

（2）及时反馈技巧：在会话中，说话者所传递的信息需要倾听者及时反馈，说话者由此来判断信息是否被听话者接受、理解、关心和赞同等，否则话题就难以维持下去。反馈的方式有言语性反馈和非言语性反馈两种：言语性反馈主要采用口头语言的方式，非言语性反馈主要通过体态语言来表示。如图3-2：

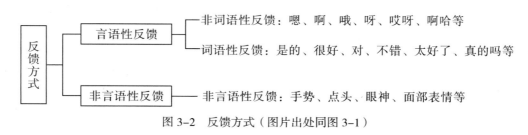

图 3-2　反馈方式（图片出处同图 3-1）

2. 儿童维持话题发展规律。

1岁前：与沟通对象建立的互动，常以发声、目光接触、手势动作或不清晰的话语等形式或形式组合表现出来，话题的维持常常只有一或两个轮替。

1~3岁：儿童开始遵循交谈的规则，即等待大人说完话后再回应。回应时会较依赖情境中的具体事物线索，常用重复他人的话来回应以维持话题。

3~5岁：儿童在交谈时，话题转换比大人快，较难提供适当的回应，当交谈信息不清楚时，他们也不会要求澄清；当话题是儿童熟悉的事物，4岁儿童可以将话题维持下去，11岁以后，儿童才会用"嗯""喔"等声音，表示他仍然持续注意交谈的内容且沟通仍在进行。

儿童维持话题的能力与语义、语法能力的发展密切相关，随着年龄的增长会越来越好。

儿童很难维持长时间的会话，4岁儿童就一个主题开展对话的话语数量较短，大部分的对话中，双方话语总数短于12句。儿童在以下三种类型的会话中常出现较长的对话：角色扮演、描述和问题解决。为了维持会话，会话双方要使自己的话语与当前话题相关。从2~5岁，儿童利用模仿手段维持会话相关的趋势不断降低，到了5岁，重复和模仿仍然是儿童维持会话相关的主要手段。问答式对话是儿童维持话题相关的主要手段，表示同意、提问和回答的话语比例会随其年龄的增长而增长。儿童维持会话相关的发展趋势表现为从不相关到形式相关（重复或模仿），再到事实相关，最后到观点相关。

活动范例一：我的地盘我做主

广州市越秀区启智学校　彭飞

一、课型

小组训练课。

二、学情分析

基本情况：张×童（学生A），男，9岁，智力障碍；赵×滔（学生B），男，9岁，智力障碍；李×润（学生C），男，9岁，智力障碍。

语言理解：能理解简单故事。

语言表达：能用简单句进行表达，但不能叙述完整事件；日常活动中，能用简单句子描述照片或具体情境中"××在做什么"。

沟通方式与效度：沟通意愿较强，能使用语言、表情、手势动作等方式进行沟通。

维持话题：能理解"话题"的主要内容；能用简单疑问句进行提问；叙述一件事情时需要老师用图片或语言提示；能进行两个回合以上的对话，但对话的"主题"需要老师提示。

三、活动目标

1. 能用简单陈述句维持话题"我也……""我不喜欢……"。
2. 能用一些简单问句维持话题"去哪里了""玩了/做了什么""然后呢""……开心吗"等。

四、准备材料

飞行棋，积木，骰子，图画书，生活照，句子卡片。

五、活动过程

（一）活动一：我的周末

1. 老师带领学生围绕周末活动的话题练习对话。

老师开启话题："今天，我们来说一说'我的周末'。"

2. 老师拿着一些图片，请学生A选择一张图片。

3. 老师带领学生进行对话练习。老师说明规则：先是老师来提问，学生A来回应。

老师："周末，你去哪里了？"

学生A："周末我去公园玩。"

老师："去公园，你玩了什么呢？"

学生A："去公园，我踢了球。"

老师："然后呢？"

学生A："然后，我和妈妈去吃饭。"

老师："你周末开心吗？"

学生A："我周末很开心。"

4. 老师把句子卡片"去哪里了""玩了/做了什么""然后呢""……开心吗"贴好，然后进行小结："周末，张×童（学生A）去公园玩，踢了球，然后和妈妈去吃饭，他周末很开心。"这就是维持话题，也就是说一件事情。

5. 老师："下面由赵×滔（学生B）根据老师贴出来的关键词和老师进行互动。"

6. 学生B拿着图片，请老师选择一张图片。

学生B："周末，你去哪里了？"

老师："周末，我去了商场"。

学生B："去商场，你做了什么呢？"

……

7. 老师："下面由张×童（学生A）来提问，李×润（学生C）来回应。"

8. 学生A拿着图片，请学生C选择一张图片。

学生A："周末，你去哪里了？"

学生C："周末，我去了少年宫"。

学生A："去少年宫，你做了什么呢？"

……

9. 三名学生互换轮流当提问者，老师拍照，小结。

📋 **设计意图**

通过回顾周末的活动，让学生初步了解如何维持话题；给予句子的视觉提示，让学生初步掌握维持话题的方式。

（二）活动二：我的地盘我做主

1. 老师带领学生围绕游戏的话题练习对话。

老师："下面我们开始玩游戏，请同学们选择喜欢的游戏项目。"下面由张×童（学生A）来主持，赵×滔（学生B）和李×润（学生C）来回应。

学生A："开始玩飞行棋，请赵×滔先来抽卡片。"

学生B："是3。"

学生A："你可以跳3下。"

学生B："好的。"

学生A："请说一种你喜欢吃的水果。"

学生B："我喜欢吃香蕉。"（老师提示学生A回应）

学生A："你喜欢吃香蕉，我也喜欢吃香蕉。"

学生A："现在是李×润来抽卡片。"

学生C："是5。"

学生A："你可以跳5下。"

学生C："好的。"

学生A："请说一种你喜欢的运动。"

学生C："我喜欢踢球。"

学生A："你喜欢踢球，我喜欢跑步。"

2. 学生A继续提问两个回合，方式同上。

3. 三名学生互换当提问者，老师拍照，小结。

📓 设计意图

通过游戏的方式，让学生在情境中学习，围绕学生常见的事物，学生更容易掌握维持话题的技巧。

（三）分享活动

1. 老师带领学生围绕以上活动环节进行对话练习。

老师："下面进行分享活动。今天，我们进行了哪些活动？"

学生A："今天我们玩了……"

老师："今天我们玩飞行棋时，聊了哪些话题？"

学生B："聊了水果、运动、动物……"

老师："今天聊得开心吗？"

学生C："很开心。"

2. 老师引导学生A总结："今天，我和赵×滔、李×润一起玩了飞行棋，聊了……，我们今天很开心。"

3. 老师展示一些活动照片，提问："你们希望下次开展什么活动？"

下次课可请三名同学互换当游戏主导者，老师负责拍照。

📓 设计意图

分享活动中，学生从刚刚经历的活动谈起，巩固维持话题的方式。

六、注意事项

1. 话题的内容，以学生自己喜欢的/身边的物品/熟知的事情开始，学生容易进行表述。

2. 对话活动中，老师先示范。

3. 对话句式选择简单的、固定的、学生容易掌握的。

4. 维持话题需要有前备能力：

（1）能开启话题。

（2）能关注别人，并重复别人陈述的词语/句子。

（3）能对物品/事件进行简单描述（词语、句子）。

（4）能用简单问句表达。

5. 让学生自己选择喜欢的游戏方式。

6. 对话时，老师先做回应者。

7. 每个小环节重复练习，角色互换——可由学生自己选择。

8. 活动后，老师小结、拍照，为下阶段的"转换话题"做准备。

七、延伸活动

1. 层层叠：学生主导，指引老师或同学摆放或抽取积木。完成任务后，学生用语言鼓励对方。

2. 玩骰子：学生主导，让老师或同学掷骰子，根据骰子收取相应图片，讲故事。

活动范例二：运动会

广州天河区启慧学校　陈均丽

一、课型

集体课。

二、学情分析

基本情况：本班共有8名学生，其中唐氏综合征2名（黄×晴、刘×琳），孤独症2名（周×皓、邓×深），智力障碍2名（霍×杰、麦×锐），脑瘫2名（王×维、池×桦）。

语言理解：3人（霍×杰、麦×锐、黄×晴）能理解常见对话和简单故事；3人（刘×琳、邓×深、王×维）能理解常见简短对话和简单故事；2人（周×皓、池×桦）能理解常见简单问候等对话。

语言表达：2人（周×皓、邓×深）可使用常用名词、动词等词汇表达，但需增加词汇量；4人（霍×杰、麦×锐、黄×晴、王×维）可以使用句子（如"这是……，不是……""我要……，不要……"等）表达，但数量有待提高；2人（刘×琳、池×桦）需用平板电脑辅具进行沟通，会用句子描述照片或情境"××在哪做什么"，也会偶尔出现两个字的口语表达。

沟通方式与效度：2人（周×皓、邓×深）沟通意愿较低，主要以手势语+简单口语（词语）与人沟通，方式较单一；2人（刘×琳、池×桦）以平板电脑等辅具进行沟通；4人（霍×杰、麦×锐、黄×晴、王×维）能用简单句和少量复杂句进行口语沟通，但沟通时较难理解他人的情绪和意愿，无法根据他人的状态调整自己的行为。

维持话题：大部分学生已能运用简单句子在日常生活中进行对话，但缺乏维持话题的技巧，在交谈中易跑题，且偶尔答非所问；不会主动维持交谈话题，表达的句型有待丰富。

三、活动目标

（一）班级共性目标：能围绕运动会进行话题交流

1. 能用简单陈述句"……（人物）在……（地点）做……（事件）"来回应话题。
2. 能用"我喜欢……，因为……"来表达自我观点。
3. 能用简单问句"好玩吗""谁赢了"等来维持话题。
4. 能用非言语性反馈进行话题交流。

（二）学生个别化目标

1. 杰：独自完成共性目标1和2，会依照思维泡泡图进行5个左右简单问题的提问。
2. 锐：独自完成共性目标1和2，会依照思维泡泡图进行4个左右简单问题的提问。

3. 晴：口语提示下完成共性目标1和2，会依照思维泡泡图进行3个左右简单问题的提问。

4. 深：口语提示下完成共性目标1，能用"我喜欢……"回应问题，且能以眼神关注他人发言。

5. 皓：口语提示下完成共性目标1，能用短语回应问题，且能以眼神关注他人发言。

6. 琳：口语提示下完成共性目标1和2，会用辅具依照思维泡泡图进行3个左右简单问题的提问。

7. 桦：口语提示下完成共性目标1、2、3、4，能理解简单问话，且能用眼神、手指、拍手等非言语性反馈进行话题。

8. 维：口语提示下完成共性目标1、2，会依照思维泡泡图进行2个左右简单问题的提问且不跑题。

四、准备材料

亲子运动会比赛照片，视频，奖牌，奖杯，奖品。

五、活动过程

（一）视频导入

播放运动会视频。

（二）发展活动

1. 话题一：入场仪式。

主教老师：运动会开始了，一起来看一下各班的精彩表演。首先我们进行的是什么？

学生：入场仪式。

主教老师：谁能给大家介绍一下我们班的入场仪式？你做了什么？

> 📝 **设计意图**
>
> 围绕学生刚经历过的运动会展开话题，学生比较有兴趣且容易参与。同时给予图片提示，让学生运用陈述句"……（人物）在……（地点）做……（事件）"以回应话题。

图 3-3　思维泡泡图（1）

2. 话题二：棒球操比赛。

（1）一起看视频，然后说一说自己喜欢哪个班或哪个同学做操，为什么。也可以依照思维泡泡图（见图3-3）问他人问题。

（2）助教老师示范表达"我喜欢××做的棒球操，因为他动作很标准"。

（3）学生看视频，互分享。

（引导学生用"我喜欢……，因为……"的句式来表达自我观点，进行交流）

📝 设计意图

> 学习运用"我喜欢……，因为……"来表达自我观点或感受，尝试依思维泡泡图主动提问。

3. 话题三：运动项目比赛。

（1）老师：接下来，到了最精彩的比赛环节，一起来看一看同学们和爸爸妈妈一起都进行了哪些比赛，可以提问题，也可以回应问题或分享其他有趣的内容。

（2）学生看视频中"龟兔赛跑""超级障碍赛""满载而归""争分夺秒"等项目，讨论、分享。展示思维泡泡图（见图3-4），反复引导学生运用"我喜欢……，因为……"来表达自我观点或感受。

图 3-4　思维泡泡图（2）

（3）引导学生用简单问句"好玩吗""谁赢了"等来维持"运动会"话题。

（4）依照思维泡泡图，引导学生运用提问技巧和及时反馈技巧来维持话题，如提问"是谁""做什么""怎么样"等。提醒学生回应他人，运用简单陈述句"……在……做……"和"我喜欢……，因为……"来描述和交流。

📝 设计意图

> 通过观看之前比赛的照片，勾起学生的回忆，而"龟兔赛跑"项目的视频易引起学生的兴趣，让学生愿意反复练习表达，老师及时引导改进，巩固训练效果。

（三）小结回顾，总结下课

今天，我们回顾了之前开展的亲子运动会，而且一起围绕运动会进行了分享和交流，希望同学们学会：

1. 别人在说话时，我们要与他对视。

2. 别人说完话，我们可发表自己的观点、感受等来维持话题，也可用点头、做动作等来回应。

3. 在进行话题交流时，不说与话题无关的话。

📝 设计意图

> 评价学生的课堂表现，小结维持话题的技巧，帮助学生巩固本节课所学。

六、注意事项

1. 场景活动，老师先简单示范。

2. 对话句式相对简单固定。

3. 语言障碍儿童会话训练中常选择的话题：食物、玩具、书籍、天气、服饰、交通工具、动物园、植物园、游乐园、电影院、海底世界、家、教室、超市等。本节课选择刚开展的让学生感兴趣、有话说的亲子运动会作为话题。

4. 对话时，助教老师先当回应者来示范。

5. 活动后，老师小结、拍照。

6. 座位安排为半圆形，每个学生都是平等地位、同等距离。

7. 教学中切忌老师过多引导和主控。

七、延伸活动

1. 话题一：午点美食。

学生A：今天午点有什么吃的？

学生B：有水果、饼干。你想吃什么？

学生A：我想吃饼干。

重复练习后小结，老师拍照，请学生A吃饼干。

2. 话题二：生日会。

学生C：谁过生日呀？

学生D：××。

学生C：我们一起给他唱生日歌吧！

活动范例三：我会表达看法

广州市康纳学校　曾碧兰

一、课型

个训课。

二、学情分析

基本情况：马×谦，男，14岁，孤独症。

语言理解：语言理解能力较好，能理解如求助、报告及评价等沟通功能的词汇，词汇量掌握较多；能理解常用的简单句；常用的复杂句中，能理解"如果……就……""因为……所以……"等句式。

语言表达：会主动表达，能使用简单的短句等方式进行沟通，未能用复杂句表达需求。

沟通方式与效度：具备主动沟通意愿；能进行简单言语对话；能准确传递一些简单信息，如帮老师跨空间传递话语等。

维持话题：未能针对一个话题深入地维持交流，通常仅能维持两个回合的对话；话题维持不了时，会转移话题。

三、活动目标

1. 在两人的交谈中，对于对方发起的话题，能主动表达自己想知道的基本信息。
2. 在两人的交谈中，能发起话题，能根据对方的提问给出有效的回答。

四、材料准备

学生旅游照片，老师日常照片，思维导图。

五、活动过程

（一）关于学生旅游的话题讨论

1. 展示学生旅游的照片。老师与学生进行对话：

老师：（老师表现出对照片很感兴趣）好漂亮的地方啊，这是哪里呢？（含有"哪里"，引出话题）

学生：这是马尔代夫。

老师：你一个人去的吗？（含有"谁"）

学生：是和妈妈，还有叔叔一起去的。

老师：那里很远，坐飞机去的吧？（怎么去，会选择什么交通工具）

学生：对啊，要去机场坐飞机去。

老师：什么时候去的？（含有"时间"）

学生：国庆节假期。

老师：我也想去，不知道那里有哪些好玩的地方，能介绍一下吗？

学生：……（按照自己喜欢的地方进行介绍）

老师：旅游是件可以开阔视野的事情。马上寒假了，你有什么出行计划吗？（计划、打算）

学生：……

2. 老师把谈话内容用电脑打出来，和学生一起分析，两人的谈话围绕了哪几个问题展开，包括时间、地点、人物、事件、出行方式、下一步的计划等，并用桥形思维导图（见图3-5）帮助学生理解。

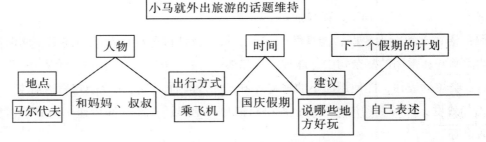

图 3-5　学生外出旅游话题讨论思维导图

📋 **设计意图**

用熟悉的生活经历，引发学生对老师的关注，提升学生参与活动的意愿和能力。

（二）应用以上思维导图，模仿师生间的谈话思路，开展关于老师旅游的话题讨论

1. 展示老师去旅游的照片，并根据思维导图的提示，引导学生进行对话练习。

学生：好漂亮的地方啊，老师，这是哪里？（含有"哪里"，引出话题）

老师：这是厦门。

学生：老师，我也去过这里。（勾起学生的回忆）

老师：哦，是吗？

学生：对啊。

老师指着思维导图线索"人物"提示学生。

学生：老师，您和谁一起去的？

老师：我和爸爸、妹妹一起去的。

学生：哦。

老师指着思维导图线索"时间"提示学生。

学生：您什么时候去的？

老师：我是过年的时候去的。

学生：老师，过年我们回了四川。

老师：过年我回了福建。（指着思维导图线索"下一个假期的计划"提示学生）

学生：又要过年了，您有什么出行计划吗？

老师：我打算去福建龙岩参观土楼。

学生：我也没参观过土楼。

老师：等我回来可以和你介绍一下，你也可以自己去网上找找有关土楼的信息，等以后有机会再去。

学生：好。

2. 师生一起用电脑整理刚才的对话内容，并按照思维导图（见图3-6）进行检核：师生间的谈话是否顺畅、哪些地方需要改进。

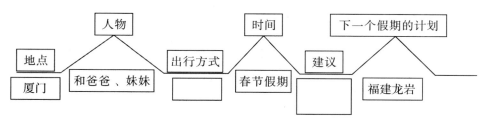

图 3-6　老师外出旅游话题讨论思维导图

设计意图

　　现在大家生活的休闲方式越来越丰富，其中外出旅游是大多数人会选择的方式，用常见的话题内容引导学生练习维持对话的技巧，在生活情境下，更自然地实现目标。

（三）关于老师另一处旅游目的地的话题讨论

按照思维导图，进行重复练习。

设计意图

　　根据学生视觉学习的优势，借助思维导图进一步实现自然情境对话，并逐渐加大难度，引导学生主动提问的概率，同时为生活中维持话题的泛化做好铺垫。

六、注意事项

1. 要适当地留出时间，等待学生的回应。

2. 要强化学生的回应，让学生感受到主动回应对维持话题的重要性。

七、延伸活动

表达意愿活动可以融入平时的课堂或课外生活中，例如：

1. 外婆这半年去了好多地方旅游，学生可用习得的技巧和外婆讨论旅游的话题。

2. 课间活动，也可以和同学讨论假期的安排或计划。

活动范例四：我会维持话题

广州市海珠区启能学校　李燕霞

一、课型

小组训练课。

二、学情分析

基本情况：罗×熹（小熹），男，12岁，智力障碍；杨×茵（茵茵），女，13岁，智力障碍；谭×宜（小宜），女，13岁，脑瘫。（三人认知能力相近）

语言理解：能听懂常用名词、动词和简单句；能结合生活情境理解复杂句；能理解简单问句并回答；能理解简单游戏规则和生活中的常规。

语言表达：能用常用词语和简单句进行表达；能叙述自己在做的事情和表达自己的喜好；能看图说话，但发音均存在不清晰的情况。

沟通方式与效度：学生沟通意愿较低，通常是他人提问学生简单回答，用词语回答较多，发音不清晰，只有较熟悉的人才能听懂，沟通效度一般。

维持话题：认知较好，能认识汉字；有主动与人交流的欲望，平时会跟老师分享生活趣事，但学生回答老师的提问的情况居多，与同学的交流较少。

三、活动目标

1. 能根据图片或情境进行提问，关于地点（这是哪、要去哪）、人物（和谁一起）、事物（是什么）的提问。

2. 能用简单句进行回答来维持话题。

四、准备材料

学生在快餐店用餐的照片，餐食图片，诗歌或歌曲卡片。

五、活动过程

（一）热身：诗歌或歌曲接龙

请学生在老师准备好的诗歌或歌曲卡片中抽取一张进行接龙，要求学生一人说一句。

例如：抽到了唐诗《春晓》，老师与学生一人一句进行接龙。

📋 设计意图

学生注意力保持在同一件事上，围绕同一件事进行表达交流。

（二）看图提问

1. 老师准备好学生在快餐店就餐的照片，拿出其中一张照片并根据照片内容向学生提问："这是哪里啊？""你吃了什么？""你最喜欢吃什么？""你跟谁一起去的？""去吃东西开心吗？"

2. 引导学生逐一回答问题。

3. 老师总结出可以提问的问题，做成提问句条，请学生一起读一读。

4. 老师把其他照片遮着，让学生抽取照片并向照片上的同学进行提问。三个学生互相提问并回答，学生提问练习中，可适当用提问句条来协助提问。

📋 设计意图

老师进行提问的示范，总结出可提问的句子，并让学生根据提问句条练习提问，学习提问方式。

（三）模拟情境对话

1. 介绍情境：两名学生在快餐店门口相遇，一个已经吃饱了要离开，一个正准备去吃，这时候他们碰见了，会说些什么？

2. 老师与一名学生进行示范：老师正准备去吃快餐，在店门口遇到了吃饱了的学生小熹，并展开了对话。

老师：小熹，你好啊，你跟谁一起来的呢？

学生：老师好，我跟妈妈一起来的。

老师：你吃了什么好吃的？

学生：我吃了薯条和汉堡包。

老师：吃得开心吗？

学生：开心！

老师：你现在要去哪里？

学生：我要回家了。

老师：好的，那再见啦。

学生：老师再见。

3. 学生之间进行模拟情境对话，老师可适当用提问句条进行提示。

📋 设计意图

在情境中进行对话，更容易有话说、有问题问来维持话题；引导学生根据具体情境向同学提问来掌握维持话题的技巧。

六、注意事项

1. 提问时，老师先示范，让学生知道可以问哪些问题。

2. 学生之前需有快餐店用餐的经验，能回顾照片并回答问题。

3. 可根据学生的回答进行不同的提问，答案也是可以多样化的。

4. 过程中，给学生充分的发挥空间，减弱老师的作用。

七、延伸活动

1. 假期的外出活动可以拍下来进行分享交流。

2. 生活中的很多情境，都可以作交流分享。

活动范例五：圣诞夜大救援

广州市海珠区启能学校 李欣仪

一、课型

个训课。

二、学情分析

基本情况：徐×恩，男，7岁，智力障碍。

语言理解：能理解常见的词汇和用语及常见物品功能；有一定的读图能力，能理解照片、图画；能理解大小、形状、颜色等数前概念；能理解简单的故事情节，但未能理解较复杂的逻辑关系，如起因或经过。

语言表达：有一定的口语表达能力，会说功能性语汇、短句；可自己配合情境变化说简单句，日常活动能就具体话题和物品进行简单回应。

沟通方式与效度：沟通方式为使用口语；沟通功能主要为表达需求、表达情绪，在有意愿的情况下可传递简单信息；沟通意图一般，缺乏主动沟通的意愿，沟通效度较好，大部分能被理解。

维持话题：能针对一件事情或物品的主题进行简单的回应，但一般不超过两个回合，缺乏维持话题的技巧；另外，其关注同一个话题的时间较短，易被外界环境影响而出现答非所问的情况。

三、活动目标

1. 能使用"我喜欢……"的句式表达自己观点。
2. 能用简单陈述句"……（人物）在……（做什么）"来回应话题。
3. 能围绕游戏情境和老师提问进行话题交流，维持2~3个回合。

四、材料准备

绘本《圣诞夜大拯救》，圣诞老人、圣诞车等玩具，奖励选择板等。

五、活动过程

（一）上课常规

1. 与班级老师说再见后，跟随老师到指定课室上课。
2. 听上课音乐模仿老师的拍手动作，与老师互相问好。

3. 预告本节课的内容：

（1）热身活动——播放歌曲，拍手跟唱。

（2）讲故事——绘本故事《圣诞夜大拯救》。

（3）玩游戏——角色扮演游戏。

（4）奖励时间。

（二）主要活动

1. 热身活动。

（1）播放音乐，请学生和老师一起一边拍手，一边跟唱。（1～2遍）

（2）在跟唱完一遍后，向学生提问：刚才唱的是什么歌？你喜欢这首歌吗？

（3）学生完成后，把任务板上的"热身活动卡"撕下来，交给老师。

设计意图

通过歌曲，引起学生的兴趣，激发学生主动与老师讨论的动机。通过提出问题和回答，引导学生注意到本节课的话题。

2. 阅读绘本《圣诞夜大拯救》。

（1）老师引导学生共同阅读绘本《圣诞夜大拯救》。

（2）在阅读绘本的过程中，问学生与故事相关的问题。引导学生根据熟悉故事情节，通过"……（人物）在……（做什么）"句式回应老师。

老师提问1：你看，图片上的是谁啊？它在做什么呢？

老师提问2：哇！灰灰（角色名）在修理雪橇，那毛毛（角色名）在做什么呢？

（3）老师就绘本的话题继续提问题，引导学生用"我喜欢……"的句式说出自己喜欢的角色。

老师：绘本里的狗狗都非常棒哦！我喜欢毛毛，你呢？

设计意图

通过学生熟悉的绘本故事，引导学生根据绘本里的内容，用简单陈述句"……（人物）在……（做什么）"来回应老师。学生对很多动漫角色非常熟悉，从绘本的人物角色开始引导，让学生想起自己喜欢的角色，并用同样的句式表达自己的观点。在过程中，回顾了绘本的故事情节，为后面的角色扮演游戏提供了话题内容。

3. 角色扮演游戏活动。

（1）老师展示玩具游戏盒子，邀请学生一起来玩玩具。

老师：你看看今天老师带来了什么玩具？我们一起玩，好吗？

（2）老师引导学生说出自己最喜欢的动漫角色。

老师：我喜欢……（角色名），我今天要当……

（3）师生一起进行角色扮演游戏。

老师扮演×角色，老师说："圣诞老人遇到麻烦了，我们要出动去救援了！请角色A和角色B出动救援吧！"

过程中，老师提问："（学生选的角色）在做什么呢？"引导学生做出回应。

（4）变化游戏情节，请学生选择不同的角色去进行救援活动，然后向学生提问。

📋 设计意图

创设共同游戏，在游戏过程中，与学生进行相关话题交流。能通过玩具的操作提示，让学生在回应老师的话题时不容易离题。通过较熟悉的绘本故事情节，引导学生用刚练习过的词语正确回应老师提出的问题。

（三）评价总结

1. 根据学生的表现，让学生在奖励选择板上选择喜欢的奖品。

2. 播放收玩具的音乐，请学生帮忙将绘本、玩具等归位。

3. 与老师进行下课礼仪。

六、注意事项

1. 角色扮演活动中，老师先进行简单示范。

2. 对话句式相对简单固定。

3. 谈论的话题选择学生最近比较喜欢的话题。

4. 师生要面对面地坐着，能让学生看到老师的眼神、表情。

5. 学生集中注意力的时间较短，老师在学生说完以后，必须立刻通过他感兴趣的内容维持话题，引导学生继续回应老师。

七、延伸活动

1. 维持话题活动可以融入日常活动中，例如：

老师：今天午餐有什么吃的？

学生：今天有白饭、青菜、肉饼……

老师：你喜欢吃什么？

学生：我喜欢吃肉饼。

2. 在家庭日常活动中，如亲子阅读，鼓励家长与孩子在阅读后，进行简单的对话。

第四节　转换话题

导读

一、定义

在对话过程中，前一个话题被中断或结束，转而进入一个新话题。

二、目标分解

1. 能使用表情、语气、感叹词、象声词等自然转换话题。
2. 能根据自己的需要在对话中转移话题。
3. 能依据对方的反应（表情、语气）转移话题。
4. 能根据环境的变化转移话题。

三、训练建议

1. 用提问的方式引出话题或转换话题，引导学生谈话的思路，把握谈话的方式。
2. 老师可以用平行谈话的方式对学生做转换话题的隐性示范，让学生模仿。
3. 在训练前期建议安排两名老师参与，一名做示范者，一名做沟通者。
4. 老师可以假装话题已结束，主动提出新话题。
5. 老师也可以从评价周围事物入手，转换话题。
6. 选择的话题内容要针对学生的兴趣，这样可以增加谈话动机。
7. 通过录像的方式教导，修正不佳的沟通方式，以自我监控。

活动范例一：我会转换话题

广州市越秀区启智学校　康慧卿

一、课型

个训课。

二、学情分析

基本情况：苏×浩（浩浩），男，14岁，孤独症。

语言理解：认知能力较好，具备一定的常识架构；有丰富的词汇量，能理解复杂句，也能听懂简单故事。

语言表达：能使用常用复杂句进行语言表达，口语清晰度尚佳。

沟通方式与效度：沟通意愿被动，常使用口语方式进行沟通；沟通效度较好，能满足日常表达的需求。

转换话题：转换话题方面较弱，常会不断地重复自己感兴趣的话题，不会转换话题。

三、活动目标

能使用表情、语气、感叹词、象声词等自然转换话题。

四、材料准备

自制社交绘本，奖励选择板，强化物。

五、活动过程

（一）问好

1. 老师向学生招手问好，引导学生回应老师。

2. 聊天。（老师用摄像机拍摄过程）

（1）老师拿出一块积木和学生喜欢的声光玩具枪，故意把玩具枪放在一边，拿起积木和他聊关于积木的话题，从形状、颜色、材质等方面聊。观察学生的表情是否会不耐烦。

（2）若学生出现不耐烦的表情或语气，老师要及时说："浩浩不想再聊积木了，我们来聊玩具枪吧。"

（3）学生玩玩具枪，老师和学生聊关于玩具枪的内容。

📋 **设计意图**

通过提出学生感兴趣和不感兴趣的话题，引出学生的真实情绪，为后面的分析做准备。

（二）绘本阅读

1. 老师展示自制社交绘本《我会转移话题》，说："现在我们一起来看看书吧。"
2. 老师和学生一起阅读绘本内容。
3. 提问学生：如果不想继续聊当前的话题，可以怎么做？（学生根据绘本内容回答）
4. 小结：刚刚的绘本故事告诉我们，当我们对当前的话题不感兴趣时，可以使用表情、语气或者其他方法表达不感兴趣。

📋 **设计意图**

通过自制社交绘本的阅读，学生可以更直观地学习到转移话题的方法。

（三）录像点评

1. 观看刚拍摄的上课的聊天视频，引导学生观察自己的表现。
2. 提问：当老师不断和你聊积木时，你在想什么？你的表情是什么样的？如果你再遇到这种情况，你会怎么做呢？

📋 **设计意图**

通过观察自己在课堂的反应，更深刻地理解并掌握如何转换话题的技巧。

（四）情境练习

1. 老师播放学生喜欢和不喜欢的动画片各一部。
2. 老师故意播放学生不喜欢的动画片，向他介绍故事内容。
3. 发现学生不耐烦时，先看他是否会主动转移话题，如果没有就适当提示他。
4. 当学生能转移话题时，就以播放他喜欢的动画片作为奖励。

📋 **设计意图**

通过练习，巩固学生所学的内容，也便于老师检查学生是否真的掌握了所学的转移话题的技巧。

（五）小结

1. 老师总结今天所学的内容。
2. 点评学生学习的情况。

六、注意事项

老师要仔细观察学生的情绪，当学生情绪不满的时候，要及时转换话题，以免引起其情绪行为。

七、延伸活动

1. 老师可以用平行谈话的方式对学生做转换话题的隐性示范。
2. 老师在引导学生转换话题时，假装话题已结束，主动提出新话题。
3. 老师可用感叹词、语气词、象声词等，也可用回顾往事的方式自然转换话题。
4. 老师也可用礼貌回避法、补充跳转法、启发引导法、借用外因法、直截了当法、投其所好法、停顿留白法等有意转换话题。

活动范例二：我们聊天吧

广州市康纳学校　全泉

一、课型

个训课。

二、学情分析

基本情况：小瑞，男，7岁，孤独症。

语言理解：能理解基本的动词、名词、方位词、副词和连词等；能理解常用的基本句式、问句和复合句子等。

语言表达：具有良好的沟通意愿，能使用语言与他人进行简单的对话沟通；能表达自己的需求，能对某些事情表达自己的看法与进行评论。

沟通方式与效度：沟通意愿较为主动，主要使用语言且能结合表情、手势动作等方式进行沟通。

转换话题：热衷于谈论自己感兴趣的话题，未能通过观察他人的表情与肢体动作理解他人对话题是否感兴趣。

三、活动目标

能依据对方的反应（表情、语气等）转移话题。

四、材料准备

交通工具音频，汽车广告片，平板电脑，图卡。

五、活动过程

（一）各类交通工具的音频导入

老师轮流播放单车、拖拉机、小汽车、飞机和赛车声音的音频。

1. 老师播放单车声音的音频，请学生猜一猜是什么交通工具。
2. 老师播放拖拉机声音的音频，请学生猜一猜是什么交通工具。
3. 老师播放小汽车声音的音频，请学生猜一猜是什么交通工具。
4. 老师播放飞机声音的音频，请学生猜一猜是什么交通工具。
5. 老师播放赛车声音的音频，请学生猜一猜是什么交通工具。

📓 **设计意图**

播放相关的交通工具音频，激发学生的学习兴趣，同时能提升其课堂专注力。

（二）识别肢体动作及其图卡

认识关于头部与视线的方向，并将两者与"感兴趣""不感兴趣"或者"喜欢""不喜欢"建立起联系：即头部与视线面向对方则表示"感兴趣"或"喜欢"，头部与视线转向别处则表示"不感兴趣"或"不喜欢"。

1. 展示头部与视线面向对方的图卡，让学生描述图卡的头部面向谁，视线对着谁。
2. 展示头部与视线转向别处的图卡，让学生描述图卡的头部面向哪里，视线对着哪里。
3. 老师示范头部与视线面向对方同时表示"我感兴趣"和"我喜欢"。
4. 老师示范头部与视线转向别处同时表示"我不感兴趣"和"我不喜欢"。
5. 询问学生当头部与视线面对或转向别处分别代表着什么。
6. 告知学生当头部和视线转向别处时，就要跟对方说，如"我对汽车比较感兴趣，你喜欢什么"。

📓 **设计意图**

此项的关键在于学生是否能将头部与视线的方向与"感兴趣""喜欢"或者"不感兴趣""不喜欢"建立起联系。能建立起联系是转换话题前的判断依据，能帮助学生确定对方是否有兴趣继续话题。

（三）播放汽车广告片

围绕"车"引导学生介绍自己对汽车的认识，逐渐引出话题引发学生的兴趣，随后使用肢体动作（头部与视线转向别处），视情况使用相应的图卡进行提示。

1. 老师轮流播放3部汽车的广告片。
2. 请学生告诉老师汽车有哪些牌子、颜色等，逐渐引起话题让学生表达。
3. 老师的头部与视线转向别处，等待学生提问以转换话题。
4. 引导学生向老师进行提问，并视情况使用视觉提示（图卡）或语言提示。

📓 **设计意图**

通过播放学生感兴趣的视频，引起其感兴趣的话题，作为学生是否掌握要点的判断依据。

（四）总结学习内容

1. 理解头部与视线面向对方则表示"感兴趣"和"喜欢"，头部与视线转向别处则表示"不感兴趣"和"不喜欢"。

2.当别人的头部与视线转向别处时，则应转换话题并表达关注别人的爱好。

六、注意事项

应注意学生对头部与视线的方向的肢体语言是否理解；是否能与"感兴趣"和"喜欢"或"不感兴趣"和"不喜欢"建立起联系。

七、延伸活动

1.参考课堂活动，于不同情境或不同的课程中识别老师的肢体语言。
2.拓展更多的兴趣爱好。

活动范例三：我们说点别的吧

广州市黄埔区启智学校　李绮珊

一、课型

个训课。

二、学情分析

基本情况：黄×瀚，男，14岁，孤独症。

语言理解：能理解常用词汇；能辨认理解简单的心理词汇，如高兴、难过、生气、害怕等；有因果关系的概念，可以阅读大部分常用文字；能听懂简单的故事。

语言表达：大部分使用口语简单句进行沟通，能参照老师语言仿说简单故事。

沟通方式与效度：主动沟通的意愿强烈，但沟通功能以传递信息为主，较少能达到社交互动效果，使沟通双方心情愉悦。

转换话题：能辨认简单的脸部表情；大多数时候会主动与他人交流互动，但共情能力较差，以讲述自己感兴趣的话题为主；在实践中通过视线判断他人想法的能力较弱，不会观察沟通对象是否感兴趣。

三、活动目标

1. 能依据对方的反应（表情、语气）转移话题。
2. 能用固定句式"我们说点别的吧"转换话题。

四、材料准备

学生沟通视频，老师自制绘本，学生自制绘本。

五、活动过程

（一）视频导入

1. 老师播放视频。

老师分别播放学生与他人对话过程中对方有感兴趣、不感兴趣表现的视频。

2. 截图对比两个视频里沟通对象的不同反应，引导学生发现沟通对象对话题不感兴趣的特征：

（1）眼睛不时会看向别处。

（2）多次低头看手表。

3. 小结：我们希望给他人一个愉快的交流体验，所以要注意观察他人不感兴趣的表情、动作。

设计意图

通过播放有关学生自己的视频引起学生兴趣，激发其学习动力。

（二）绘本故事

1. 阅读老师自制的故事绘本（见附）。

2. 学生根据老师提供的模板，自制故事绘本。（重点：不感兴趣的表现和转换话题的固定句式）

3. 请学生复述故事。（重点：不感兴趣的表现和转换话题的固定句式）

4. 小结：他人对话题不感兴趣的时候，眼睛会不时看向别处或多次低头看手表，可以说"我们说点别的吧"转换话题，让他人也有机会说说自己的想法。

设计意图

结合学生模仿和仿说的能力，让学生动手自制绘本，进一步区辨表情动作，学习固定句式。

（三）角色扮演

1. 依据故事绘本，师生进行互换角色扮演两轮。（重点：不感兴趣的表现和转换话题的固定句式）

2. 模拟学生的沟通情境，如午饭后遇到老师，跟老师聊天，请学生依据老师不感兴趣的表现继续话题或使用固定句式"我们说点别的吧"转换话题。

3. 小结学生表现，判断学生能否察觉不感兴趣的表现和使用转换话题的固定句式。

设计意图

模拟绘本情境学习，学生容易掌握，从固定的表演流程到不规律的辨别表情动作，提高学生泛化转移话题的能力。

六、注意事项

1. 以学生为主，引导学生发现沟通对象的不同表现，反复观察沟通对象在对话中表现出的"不感兴趣"的表情、动作和相关运用句式的过程，达到练习泛化的效果。

2. 不感兴趣的表情、动作幅度可以适度大些，以引起学生注意。

3. 强化方式以社会性强化为主，需营造轻松愉快的氛围使学生对课堂内容持续感兴趣。

4. 学生绘本的素材选择以学生的照片为主，以熟悉的小伙伴作为沟通对象。

5. 谈论的话题以学生感兴趣的话题为主，可依据不同的情境改变，如汽车、零食等。

6. 教授下一项技能时应确保上一项技能已掌握。

七、延伸活动

1. 时间空间迁移：老师在课间时与学生聊天，不规律地表现感兴趣与不感兴趣的表情、动作，使学生在日常交流中也能察觉老师在对话中不感兴趣的表情、动作和使用固定句型"我们说点别的吧"转换话题。

2. 沟通对象迁移：邀请不同的沟通对象（其他科任老师/家长/同学）与学生聊天，不规律地表现感兴趣与不感兴趣的表情、动作，使学生能察觉到不同沟通对象在对话中表现出不感兴趣的表情、动作，适时使用固定句式"我们说点别的吧"转换话题。

附：老师自制绘本故事概要

1. 我觉得跟朋友聊天很开心，希望朋友和我一样开心。

2. 有时候朋友对话题很感兴趣，他会一直微笑看着我。

3. 朋友对话题不感兴趣时，他的眼睛会不时看向别处，多次低头看手表。

4. 当朋友对话题不感兴趣时，我可以说："我们说点别的吧！"邀请朋友说说他的想法。

5. 我和朋友都觉得很开心，期待下一次聊天。

活动范例四：开心聊天

广州市番禺区培智学校 索芳蓉

一、课型

个训课。

二、学情分析

基本情况：贺×豪，男，14岁，智力障碍。

语言理解：能理解常用简单句（三词句子）、简单问句，以及两种开放式问句"什么时候""多少"。

语言表达：有口语，能用简单句表达，平均句长7～10个字。

沟通方式与效度：乐意与人沟通，沟通方式以口语为主，有时能辅以表情、语气、动作等非口语方式进行表达，沟通效度较好。

转换话题：能围绕个人的需求、兴趣和经历开启话题，能邀请和应邀与人进行简单沟通交流，也能从别人的回应中选取一些简单的相关信息继续维持话题；当学生遇到他不感兴趣的话题时，他就会自顾自地中断话题，转移到自己喜欢的话题上；未能通过语言或非语言线索了解他人对话题的兴趣，进行话题的转换，以维持对话。

三、活动目标

1. 能根据沟通对象的反应（表情、动作、语言、语气等）转换话题。
2. 能用问题转移法转换话题。

四、材料准备

情绪识别的相关照片，情境谈话视频两个，学生熟悉的各类谈话素材。

五、活动过程

（一）情绪识别导入

1. 分别展示助教老师开心、兴奋、伤心、愤怒的表情照，让学生说出对应的四种情绪名称。

2. 创设对话情境。（视频记录，文字叙述见材料一）

3. 和学生一起分析刚进行的两个话题，通过情绪分析总结在什么情况下要转换话题及如何转换话题。

📋 设计意图

引导学生体会如何从表情、语气、动作等因素综合分析对方的情绪，并选择恰当的转换话题时机。

（二）问题转移法练习

1. 学习两个常用简单问句。

（1）句式A："你喜欢……吗？我喜欢……"

（2）句式B："你知道……吗？我听说……"

（3）引导学生结合个人生活经验和实际情况，练习运用句式A、B开启话题聊天。

📋 设计意图

提供问题转移法，帮助学生顺利转换话题，提升整体沟通的品质。

2. 根据沟通者的情绪，用问题转换话题。

（1）回放视频，助教老师因没有参演而难过……

（2）主教老师示范。

①识别谈话对象的情绪。（见材料二）

②主教老师（句式A）转换话题。（具体操作见材料三）

（3）学生练习根据他人的情绪变化转换话题，感受适时转换话题在沟通中的重要性。

📋 设计意图

通过观摩和分析，使学生直观学习如何、何时转换话题，提升学生在人际交往中的沟通技巧。

3. 创设谈话情境，练习转换话题。

（1）创设引发不同情绪的谈话情境，针对每一种情绪、问句展开专项练习。

（2）主教老师指导学生根据助教老师反应判断是否转换话题，并引导学生运用问题转移法重新开启谈话。

（4）总结三种不愿意继续话题的情绪，展示照片：伤心（难过）、愤怒（生气）、恐惧（害怕）。

（5）评价激励学生发展与人沟通中的人际礼仪和技能。

📋 设计意图

创设谈话情境，指导学生运用情绪识别及问题转换法，在沟通实践中转换话题，巩固技能。

（三）课堂小结

和学生一起总结沟通中转换话题的两个关键点：

1. 根据沟通对象的情绪，判断何时转移话题。

2. 运用问题转移法，转换开启一个新的话题。

> **设计意图**
>
> 帮助学生总结归纳转换话题的时机、方法，进一步明确本节课学习的目的和内容。

六、注意事项

1. 转换话题首先需要学生会开启话题，同时还要对人的基本情绪有识别和理解能力，才能根据交谈对象的反应适时转换话题。

2. 用提问的方式引出新话题或转换话题，引导谈话的思路，把握谈话活动的方式。学生刚开始练习时可能会比较生硬，熟练掌握后再拓展丰富其他提问句式，并逐步练习如何根据当时周围的环境转换新话题。

3. 在训练前期建议安排两名老师参与，通过角色扮演，一名做示范者，一名做沟通者。

七、延伸活动

在班级、学校、家庭、社区等不同环境中，练习识别沟通对象的情绪和行为，运用不同的问句转换话题。老师和家长在参与交谈中，适当给予提示和指导，也可以事后和学生交流如何将话题转换到更有趣的事情上。

八、相关材料

1. 材料一：情绪识别导入对话活动记录。

话题一：谈论最近大家喜欢听的歌，夸助教老师唱得好。助教老师很开心，兴奋地说她还会唱《××》歌曲……

话题二：谈论文艺汇演的节目时，助教老师因为生病没有参加表演。排练了很长时间的节目最后没有上台表演，助教老师难过地低下头，沉默了……

2. 材料二：识别谈话对象情绪操作实例。

主教老师先观察助教老师的动作（低头）、表情（眼帘低垂、表情黯然）、语言（沉默不语），和学生一起分析助教老师此时的心情——伤心、难过。

请学生说说要不要再谈论演出的事情，让助教老师继续难过。

分析助教老师喜欢什么，什么话题是助教老师喜欢谈论的。

3.材料三：主教老师转换话题（用简单问句句式A）操作实例。

主教老师问助教老师："你喜欢《××》歌曲吗？我喜欢这首歌。"

助教老师听了抬起头说："我也喜欢。"然后又说："我们一起来听这首歌吧！"

主教老师（句式B）转换话题。

主教老师问助教老师："你知《××》歌曲吗？它是三个男生合唱的。"轻声哼唱……

助教老师抬起头，跟着一起哼唱："我知道这首歌，我的电脑里存了这首歌……"

第五节 话题延伸

导读

一、定义

延伸话题实际上就是扩写，可以把话题内容进行分解，由此及彼，分别发挥，详细论述。话题延伸可以先把一个话题从上下两个角度，去纵向延伸、丰富充实它，当对方也分享了对这个话题的看法后，就可以横向延伸，引出新的话题，注意横向延伸时的连续性，保证聊天话题源源不断。

1.语言学视角下的话题延伸（见图3-7）。

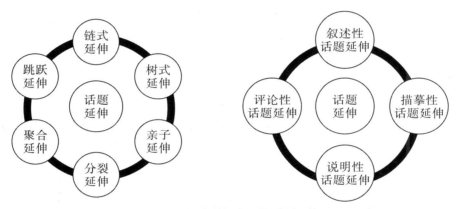

图 3-7 语言学视角下的话题延伸

2.神经语言程序学视角下的话题延伸（见图3-8）。

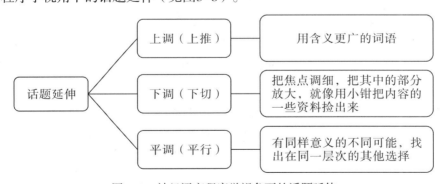

图 3-8 神经语言程序学视角下的话题延伸

二、目标分解

1.能围绕熟悉的人或物，描述某些特征和细节。

2.能围绕活动，描述某些细节和活动经过。

3.能围绕事情，描述事情的起因、过程、结果。

4. 能围绕主题，表达自己的感受。

5. 能围绕主题，表达自己对事情的评价与看法。

三、训练建议

（一）日常积累

1. 词汇的积累。

（1）一是词汇量的增加和词类的扩大，二是对词的理解力的发展。词汇量即词汇广度，词的理解力即词汇深度。

（2）捕捉学生感兴趣的话题，促进其词汇水平和会话能力的发展。

2. 生活经验的积累。

发展兴趣爱好（体育运动、绘画、唱歌等）、参加课外活动（特奥比赛、合唱比赛等）、扩大知识面（图书、网络、外出旅游等）。

（二）环境创设：自然情境教学

1. 发挥成人的引导作用，鼓励学生主动发问，将说话的主动权交给学生。

2. 加强同伴互动，重视同伴互动带来的挑战，使学生在解决交流障碍的过程中实现会话能力的发展。

老师应充分重视学生之间的会话，开展晨间谈话等活动，允许学生在非集体教学活动中进行语言交流。与此同时，对于学生之间的互动中出现的言语争论、冲突等会话障碍，老师和家长不必过于紧张，因为它们为学生会话能力的发展提供了契机，学生在与同伴进行会话修补、协商的过程中不仅发展了其会话维持能力，更锻炼了他们的语言敏感性和精细语言的发展。

3. 充分利用学校、成人和同伴的支持，提供良好的语言环境。

诸如在用餐、小组活动、自由活动以及户外运动等环节，可进行师生互动、学生互动，老师在参与学生会话活动的同时，要注意鼓励学生大胆进行交流，在会话中做一个倾听者、引导者，而不是控制者、主导者。

4. 选择多元的沟通方式（手语、点读笔、口语等），提高沟通效度。

5. 应用视觉提示系统（手势动作、照片等）引导学生表达。

活动范例一：小火车去北京

广州市启聪学校　郭加

一、课型

个训课。

二、学情分析

基本情况：吴×天，男，7岁，听力障碍。学生听力损失为极重度，双耳植入人工耳蜗，重建后的听阈左耳为32分贝，右耳为40分贝，听力曲线落在香蕉图中。

语言理解：能理解与生活联系较紧密的主题中，关于什么、谁、哪里、什么时候、怎么样、为什么的问句；能听懂物品用途的问句，如"雨伞有什么用"；能理解关于类别的问句，如"什么会飞""哪些是水果""哪些是蔬菜"。

语言表达：能较准确地回答与生活联系较紧密的主题中，关于什么、谁、哪里、什么时候的问句；能用简单的语句回答"怎么样"和"为什么"的问句，但常停留在表面现象；能描述常见物品的用途，会使用"形容词+名词"的短语，如红色的衣服、蓝色的雨伞。

沟通方式与效度：能与人进行有效的语言沟通，除平翘舌音的发音不够准确、需要提醒外，语言清晰度尚佳。

话题延伸：能运用已有的语言及知识储备回应他人的提问。

三、活动目标

1. 能把正在谈论的话题继续下去，不中断。
2. 能用准确的语言回答"为什么"的问句。

四、材料准备

小火车玩具的图片，水果和蔬菜的玩具，中国地图。

五、活动过程

（一）暖身活动

1. 展示小火车玩具的图片，老师提问："它是谁？你喜欢这个小火车吗？"
2. 老师让学生选择："你愿意做车头，还是做车厢？"

3.播放歌曲，师生一同跳暖身操。

📋 **设计意图**

引入主题，提起学生参与的兴趣。

（二）小火车去北京

1.老师向学生布置任务：我们都是小火车的好朋友。今天它接到一个任务，要把一些物品从广州运送至北京。我们一起帮帮它吧。

2.活动1：选择路线。

（1）展示中国地图，引导学生找出广州和北京分别在哪里。

（2）和学生一起画出火车行驶的路线。

📋 **设计意图**

为火车运送货物做准备。

3.活动2：将准备好的水果和蔬菜的玩具分类，让学生区分蔬菜和水果。

（1）把水果和蔬菜的玩具摆在学生面前，让学生观察：这里有什么货物？

（2）请学生根据自己的观察分类：蔬菜和水果。

（3）引导学生将不同的水果和蔬菜的玩具分别放进不同的车厢内。

📋 **设计意图**

进行分类与归类的练习。

4.活动3：提问接龙。

（1）游戏规则：师生轮流提问，每个人向对方提一个问题，不可重复，提问的内容要围绕"小火车从广州运送物品去北京"这个主题。

（2）老师鼓励学生先提问，也可由老师示范提问，如：我们和小火车从哪里出发？运送什么货物？去哪里？选择哪条路线？为什么要选择这条路线？路上遇到突发情况怎么办？你猜一猜，路上还会遇到什么困难？小火车需要开几天才能到达北京？

📋 **设计意图**

用提问的方式把正在谈论的话题继续下去，不中断。

5.活动4：说故事。

（1）将刚才的提问整理出来。

（2）师生一并将答案整理出来。

（3）把答案串成一个故事。

 设计意图

通过整理问题的前后顺序，培养学生的逻辑思维能力。

（三）总结

老师对学生课堂上的表现进行点评与鼓励。

六、注意事项

1. 训练的内容要是学生感兴趣的。

2. 提问接龙部分，要引导学生从多角度提问，不要只停留在简单的"这是什么""它是谁"之类的问题上。

七、延伸活动

1. 把"小火车去北京"的故事讲给家人或同伴听。

2. 请家人或同伴提三个问题，并回答。

活动范例二：我的假期生活

广州市白云区云翔学校　刘泽慧

一、课型

集体课。

二、学情分析

基本情况：李×烨（烨），男，14岁，自闭症；苏×和（和），男，13岁，自闭症；张×莉（莉），女，13岁，智力障碍；谢×童（童），女，14岁，智力障碍；苏×琳（琳），女，13岁，智力障碍；徐×基（基），男，13岁，智力障碍。

语言理解：烨、基、童、莉能理解大部分具体词汇和少部分抽象词汇（如时间、地点、事件等），能理解并执行三步指令；和、琳能理解大部分日常的具体词汇，对抽象词汇的理解需要提示和引导，能理解并执行三步指令。

语言表达：烨、基、童、莉能流畅地进行仿说和跟读，和、琳可以进行主谓宾短句的仿说和跟读。其中，烨、基在自己说或读时，不够自信，会频繁地寻求老师的帮助和肯定，两人都愿意参与话题，但极少主动开启话题，在话题中只是一个倾听者或被动的参与者。童、莉、琳沟通的积极性高，对事物抱有好奇心，经常开启话题，也愿意参与话题。和具有构音障碍，能用简单的单词来表达自己的意思。

沟通方式与效度：烨、基、童、莉、琳能使用语言和手势进行沟通，使用的语言多为简单的句子，基本能表达清楚自己的需求，沟通效度较高。和能使用简单的词汇和手势进行表达，沟通效度不佳。其中，烨、基、和主动沟通意愿不强，多为被动沟通。

话题延伸：童、莉可以根据对话内容延伸话题，但多以询问为主。烨、基、琳延伸话题能力较弱，无法主动延伸话题，可以在提示和引导下延伸，但延伸的内容基本上为简单回应或一个词组构成的简单句子。和不具备延伸话题的能力，在话题中只能根据他人的问句回答问题。

三、活动目标

能用问句（如地点、人物、事件）来延伸话题。

四、准备材料

老师和学生假期出行照片，玩具话筒，多媒体课件。

五、活动过程

（一）导入

老师向学生分享自己上周末的出行照片——和朋友到白云山赏花。

照片一：白云山（地点）

照片二：朋友（人物）

照片三：观赏紫荆花（事件）

设计意图

> 老师以自己的假期生活做导入，可以起到示范和引起动机的作用。

（二）我的假期生活

1. 我来告诉你。

请学生根据照片回答：

（1）老师上周末去了哪里？

（2）和谁去的？

（3）做了什么？

总结可以怎么询问别人的假期生活：

（1）去哪里？（问地点）

（2）和谁？（问人物）

（3）做什么？（问事件）

请学生跟读。

设计意图

> 直接教学法，用简洁好记的关键词总结出一个事件话题中可以延伸的问题，方便学生记忆。

2. 我是金牌小记者。

请学生扮演小记者采访同学的假期生活。（要求学生能够完整地问出地点、人物和事件。提前收集好学生假期出行的照片，请其他学生根据照片提示接受采访）

设计意图

> 以记者的身份引起学生的动机，同时让学生不得不成为话题的开启者、维持者和延伸者。

（三）总结

点评学生的表现，再次总结我们可以怎么询问他人的假期生活。

六、注意事项

在学生扮演小记者的时候，可以先让学生看着关键词再进行采访，当学生熟悉采访流程后，将提示取消。

七、延伸活动

1. 以地点、人物、事件的问句来延伸话题，可以运用在所有的事件话题中，例如：你刚刚去哪里了？和谁去的？做了什么？

2. 问地点、人物和事件可以运用在很多日常的生活会话中。下一步可以扩展到4W（What、Why、Who、When）+1H（How）的问句，即做什么、为什么、谁来做、何时做及怎么做，加上时间和交通方式。

活动范例三：过年啦

广州市越秀区启智学校　蒋中来

一、课型

个训课。

二、学情分析

基本情况：李×烨，男，10岁，智力障碍。

语言理解：能理解复杂句如"先……然后……最后……""如果……就……""当……就……"；能听懂和理解大概30字的短篇故事，并回答部分问题。

语言表达：较常使用简单句表达需求、告知信息等，偶尔使用含形容词的复杂句表达。

沟通方式与效度：沟通的主动性较好，日常能主动找老师、同学或学校的保安叔叔聊天。

话题延伸：延伸话题方面的能力较弱，与人交谈时经常重复同一个话题。

三、活动目标

1. 能对过年的食物进行话题延伸。
2. 能对过年的习俗进行话题延伸。

四、材料准备

学生过年时的照片。

五、活动过程

（一）复习引入

1. 向学生介绍过年的习俗，请学生回忆以往的经验并说一说。
2. 展示学生过年时的照片进行提示。

设计意图

结合主题，通过学生已有的经验进行导入，利用照片提示。

（二）聊一聊

1. 进入主题，和学生说：很快就要过年了，今天就和老师来聊一聊过新年吧！

2. 由老师先进行发问：年夜饭和谁一起吃呢？年夜饭吃了什么？吃年夜饭的时候开心吗？过年的时候还吃了什么食物呢？这些食物有没有和家人一起做？

老师问完后请学生做发问者将相同的问题进行提问，老师回答，并把关键词记录在小黑板上。

3. 老师拿出学生过年的照片进行提问"你在干什么"，请学生想一想过年时还会做什么。

和学生一起列举过年的习俗有逛花街、贴春联、挂灯笼、拜年等。由老师先进行提问："和谁一起逛花街？""在花街上看到了什么？""逛花街开心吗？"

老师问完后请学生做发问者将相同的问题进行提问，老师回答并把关键词记录在小黑板上。

4. 请学生看小黑板的关键词，告诉学生可以通过提问的方式与他人进行话题延伸，提问时可以问有关人、物、事、感受的问题。

📋 设计意图

营造自然轻松的氛围与学生开展对话，利用照片及板书进行提示，通过轮流发问的形式让学生掌握话题延伸的技巧。

（三）对话演练

请学生选出一个过年的习俗，邀请助教老师，请学生根据此话题与助教老师进行对话。

📋 设计意图

邀请助教老师与学生进行对话，进行技能的迁移与泛化，主教老师在旁进行提示。

六、注意事项

1. 选择的话题是学生感兴趣的、经历过的，学生才能有话可说。

2. 老师注意引导的用语，多用开放式的问题，鼓励学生多表达。

3. 在平时的认知教学中，应进行相应的扩展，丰富学生的知识面。

七、延伸活动

1. 积累多种生活经验，丰富学生的课余生活，鼓励学生多参加学校及课外活动，通过网络、图书的方式扩大学生的知识面。

2. 日常生活中结合学生的衣食住行或节日、活动等与学生聊自身的相关经历，鼓励学生多说并积累词汇。

3. 学生请家人用相机记录自己的生活，积攒话题。

活动范例四：我会接着说下去

广州市康纳学校　伍瑟玑

一、课型

个训课。

二、学情分析

基本情况：李×言，男，7岁，孤独症。

语言理解：能理解四步、三部分等指令，认知能力达到正常儿童5岁的水平；能准确理解并使用常用的字词，回答常见的问句。

语言表达：有良好的语言表达能力，能用含有量词、形容词、数词、名词的长句进行表达；能准确地回应成人的问题；能在有疑问的情况下，主动提问。

沟通方式与效度：沟通意向良好，与成人有主动的互动；沟通流畅度及有效性较好。

话题延伸：能使用清晰的口语与成人围绕有关键词提示的话题进行2～3轮的对话，但未能主动延伸相关话题。

三、活动目标

1. 当与成人一起梳理话题框架时，能自行完成2～3组话题关键词延伸。
2. 在提供对话框架的情境下，能完成2～3轮的话题延伸。

四、准备材料

对话话题卡，平板电脑（用于书写及记录），图片。

五、活动过程

（一）活动导入

1. 老师请学生就座，告知学生要上课了。
2. 老师和学生一起唱上课歌，学生跟随老师做身体动作模仿、听指令做动作。

📋 **设计意图**

    1. 学生养成良好的课堂常规：安坐行为的维持。

    2. 学生与老师一起唱上课歌，维持师生之间的良性互动。

（二）活动过程

1. 老师回顾上节课所学的主题"维持话题"，肯定学生的表现。现场抽出一个话题卡进行练习。

2. 老师带领学生对自己刚刚的话题讨论的表现进行自我评价，回顾刚刚的话轮次数及在屏幕上梳理刚刚的话题框架。通过话题框架引导学生发现谈话基本上是围绕一个话题进行的。

3. 老师告知学生：今天我们要来练习"延伸话题"，这个神奇的技巧可以让我们引出更多的话题，交到更多的朋友。

4. 播放示范视频，然后梳理视频中讨论的话题，并以框架图形式整理关键词。

5. 练习列举话题延伸（关键词延伸）框架（见图3-9），以"周末去了快餐店"为例（板书或贴图片）。

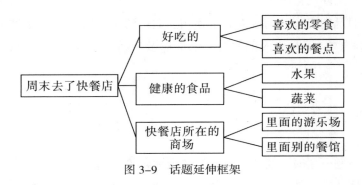

图 3-9 话题延伸框架

6. 根据所列的话题框架练习对话。

7. 开启新话轮，进行第二次练习。

📋 **设计意图**

    1. 活动开端以"温故"熟练先备技能，再以框架图的视觉学习方式"知新"，在视觉支持下帮助学生理解及实现教学目标。

    2. 充分运用示范等辅助教学，逐渐提升学生自主性与独立思考的能力。

    3. 注重实操练习，学生通过多次练习提高相关技能；并通过及时反馈，帮助学生学习反思、总结与调整。

（三）结束活动

1. 回顾本节课的教学内容，根据学生的表现给予点评。

2. 唱下课歌，互道再见。

设计意图

> 通过回顾学习内容与学生的课堂表现，及时强化学生良好的课堂行为。

六、注意事项

1. 运用零错误教学法，提升学生的参与自信心。
2. 采用不同等级的辅助提示方法，注意有计划地取消辅助，提升学生的主动性。
3. 适当延宕辅助，等待学生主动表达。
4. 根据学生的意愿，引导学生采用合适的表达方式。
5. 泛化至不同类型的游戏活动中，塑造学生的刺激泛化及反应泛化。

七、延伸活动

1. 泛化不同的话题，如不同类别（节日特殊活动类、玩具类、日常活动类、食物类）。
2. 泛化交流对象。
3. 角色互换，学习如何灵活运用所学内容。
4. 延伸至日记中。

活动范例五：我是有礼貌的好孩子

广州市康纳学校　陈小欢

一、课型

个训课。

二、学情分析

基本情况：邓×菲，5岁半，高功能孤独症。

语言理解：能理解含有3～4个元素的复杂指令；能认识及理解简单文字的意思；能理解各种问句。

语言表达：与成人的社交较主动，有时会主动开展话题，能维持2～3个回合的对话；有时会对他人的问话不理睬；有时会说不合情境的话（如"我是大芽，我要穿红色衣服"）。

沟通方式与效度：口语沟通，能用2～3个元素的句子表达需求或发起沟通，流畅度较好，与熟悉的成人的沟通效度较好。

话题延伸：对感兴趣的话题会参与对话，在提示下能适当延伸话题；对不感兴趣的话题不愿多讲，会直接跑开。

三、活动目标

1. 对话题"别人叫我时，我应该怎么做"进行讨论，能与老师维持3个回合的对话。
2. 对话题"不开心时，我可以怎么做"进行讨论，能说出3种解决方案，如深呼吸。

四、材料准备

白纸和笔，白板和白板笔，动画视频，强化物（如平板电脑、画板、绘本、橡皮泥、代币表等）。

五、活动过程

（一）活动导入

1. 告知学生上课了，师生互相问好。
2. 告知学生本节课要一起讨论、聊天，并展示代币表，告诉学生认真思考、积极讨论时，代币表的夹子会往上移，夹子移到最上面时，可以得到奖励。

📋 **设计意图**

与学生订立契约，让学生知道要积极参与讨论。

（二）活动过程

1. 活动一：

（1）老师播放动画视频，引导学生认真观看，让学生说说发生了什么事。

📋 **设计意图**

用动画视频导入，让学生观察并说出问题，激发学生表达的欲望。

（2）引导学生梳理视频要点：当小猴子叫小熊时，小熊不回应，继续做自己的事。老师问学生"小熊这样做对不对，为什么"，学生在老师的引导下，意识到不回应别人的呼唤不礼貌。老师继续跟学生讨论"别人叫我时，我应该怎么做"，让学生说出"需回应他人"。

（3）继续延伸话题，对别人的话题感兴趣时可以一起聊天，不感兴趣时可以礼貌回绝。老师与学生一边聊，一边在白纸上写下各种情况的应对方法。

📋 **设计意图**

与学生做延伸话题的训练，提高学生的交谈技巧，扩展学生思维，针对学生行为的不足（有时不理人、不愿聊天、不会礼貌回应）做针对性的社交训练。

（4）让学生说一说"别人叫我时，我应该怎么做"。当学生积极参与讨论时，老师移动代币表上的夹子，强化学生好的行为。

2. 活动二：

（1）老师与学生一起讨论，做识别训练。老师拿出白板读出句子（不开心时捏人、不开心时深呼吸、生气时说我是小男孩、不开心时告诉老师我要休息一下、奖励结束时冷静地交回强化物），老师让学生在旁边的括号中画"√"或"×"，并说明理由。

📋 **设计意图**

做识别训练，从学生自身的行为介入，提供机会引导学生反省。

（2）老师一边与学生讨论"不开心时，我可以怎么做"，引导学生说出解决方案，一边在白纸上写下学生说的合理的方案，如深呼吸、休息一下、平静地问老师能不能再玩一会儿等。

📋 **设计意图**

与学生一起讨论，一起制订方案。学生是主体，老师发挥引导的作用。

（3）学生积极思考、参与讨论时，老师要及时表扬、给予代币奖励。学生的代币到顶端时，可以得到奖励。

（三）活动结束

1. 老师总结本节课学生的表现，并重申讨论的要点，给予肯定。
2. 师生互道再见。

📋 设计意图

> 重申讨论要点，突出重点。

六、注意事项

1. 开展活动的过程中，及时强化学生的目标行为。
2. 日常生活中，有意引导学生识别自己及他人的情绪。给学生提供小纸条进行视觉提示，如不开心时可以深呼吸、要求休息等。

七、延伸活动

1. 录制学生及学生熟悉的人在日常生活中各种情绪的视频，让学生观看视频时进一步识别自己及他人的情绪，并说出情绪产生的原因。
2. 跟学生做互动教学的训练，让学生在情境中体验"不开心时，我可以怎么做"。
3. 在课堂及日常生活中，给学生提供图片，视觉提示学生可以怎么做，及时强化学生冷静、及时回应他人的行为。

参考文献

1. 李泽慧. 特殊儿童沟通与交往［M］. 南京：南京师范大学出版社，2014.

2. 协康会. 孤独症儿童训练指南［M］. 广州：广东海燕电子音像出版社，2016.

3. KNAPP J，TUMBULL C. 应用行为分析（ABA）完整教程：基础技能分步训练［M］. 贾美香，白雅君，译. 北京：人民卫生出版社，2017.

4. LEAF R，MCEACHIN J. 孤独症儿童行为管理策略及行为治疗课程［M］. 蔡飞，译. 北京：华夏出版社，2008.

5. 玛丽·林奇·巴伯拉，特蕾西·拉斯穆森. 语言行为方法：如何教育孤独症和相关障碍儿童［M］. 美国展望教育中心，译. 北京：华夏出版社，2013.

6. 雷江华. 特殊儿童沟通与交往［M］. 上海：华东师范大学出版社，2017.

7. KOEGEL L K. 教自闭症孩子开口说话：应用关键反应训练［M］. 赵雪莲，译. 北京：中国轻工业出版社，2019.

8. 邓宝莲. 在自然情境中建立提示系统对增进中重度智力障碍儿童主动沟通行为的成效研究［D］. 重庆：重庆师范大学，2013.

9. 张文京. 特殊儿童早期干预理论与实践［M］. 重庆：重庆出版社，2010.

10. 刘春景. 俄汉文化因素对跨文化交际中礼貌用语的影响［J］. 江西电力职业技术学院学报，2004，17（4）：88-90.

11. 周筱娟. 现代汉语礼貌语言研究［M］. 北京：中国社会科学出版社，2008.

12. 李晓庆. 智障儿童沟通与交往的研究现状［J］. 南京特教学院学报，2014（2）：32-37.

13. 胡晓毅，刘艳虹. 学龄孤独症儿童教育评估指南［M］. 北京：北京师范大学出版社，2017.

14. 汪亚男. 自闭症幼儿情绪识别能力和家庭教养方式的关系研究［D］. 芜湖：安徽师范大学，2015.

15. TAUBMAN M，LEAF R，MCEACHIN J，等. 孤独症谱系障碍儿童及青少年社交技能评估与训练课程［M］. 樊越波，王德玉，译. 广州：广东教育出版社，2015.

16. 中国聋儿康复研究中心，财团法人雅文儿童听语文教基金会. 听障儿童听觉口语教学示范教材［M］. 北京：中国文联出版社，2011.

17. COOPER J O，HERON T E，HEWARD W L. 应用行为分析［M］. 美国展望教育中心，译. 武汉：武汉大学出版社，2012.

18. 张文杰. 自闭症儿童会话维持能力及教育干预研究：以山东某自闭症干预机构为例［D］. 温州：温州大学，2014.

19. 杨金焕. 4—5岁儿童会话能力研究：基于"儿童—成人"与"儿童—同伴"比较视角［D］. 南京：南京师范大学，2016.

20. 杨晓岚. 3—6岁儿童同伴会话能力发展研究［D］. 上海：华东师范大学，2009.

21. 李晓琳，唐名刚. 话题转换的方式与技巧［J］. 新闻爱好者，2011（17）：56-57.

22. 彭德正. 浅谈语言的转换训练［J］. 小学教学研究，1996（7）：9-10.

23. 陈冠杏，杨希洁. 自闭症儿童会话能力探究［J］. 中国特殊教育，2014（11）：45-52.

24. 袁文晗. 自闭症儿童会话技能障碍及干预方法［J］. 文教资料，2016（36）：33-34.

25. 姚婷婷，郑荔. 4—6岁幼儿词汇水平与会话能力的相关性研究［J］. 幼儿教育，2016（27）：32-38.

26. 杨金焕，郑荔，盛栅. 成人与同伴在4—5岁儿童会话能力发展中的作用比较［J］. 学前教育研究，2018（1）：49-63.

27. 彭德倩. 跨话轮话题推进研究［D］. 上海：华东师范大学，2004.

28. 杨旭. 神经语言程序学视野中的语言模式［J］. 广东教育学院学报，2007（2）：98-102.

29. 陈思齐. 基于ICF-CY的2—5岁特殊儿童沟通参与评估量表的编制及应用研究［D］. 上海：华东师范大学，2019.